COLLECTION
ROLF HEYNE

Johanna Maier

Fotografiert von Luzia Ellert

COLLECTION ROLF HEYNE

Die beste Köchin der Welt ist in Filzmoos, einer kleinen Touristenenklave am Fuße des Dachsteins, zu Hause.

Warum gerade Johanna Maier, warum gerade in einem kleinen Salzburger Dorf auf 1056 Metern Seehöhe? Der Guide Gault Millau hat Johanna Maier als derzeit einzige Frau mit 4 Hauben und 19 von möglichen 20 Punkten beurteilt. Was dem im November 2001 gefällten Schiedsrichterspruch folgte, war ein Medienhype der Extraklasse, Publikumsbegeisterung inklusive.

Vier Köche werken fix bei Johanna Maier. Vier Köche für vier Hauben. Das wirkt geradezu lächerlich, wenn man dies mit anderen hoch dekorierten Restaurants, zum Beispiel in der Gourmethochburg Paris, vergleicht. Dort ist Manpower die halbe Miete, da drängen sich 20 Köche und mehr in der Küche. Natürlich hat auch Johanna Maier noch einige alles andere als unfähige Helfer: junge Leute von Fachschulen und anderen Restaurants, die in Filzmoos ihr Praktikum machen und begierig darauf sind, die Prinzipien der Johanna-Maier-Küche kennen zu lernen.

In der Küche gibt es das typische Neon-Kunstlicht, in dem selbst Menschen mit gesundem Teint nicht gerade wie das blühende Leben aussehen. Johanna Maier hingegen sieht hier gut aus. Weil sie sich wohl fühlt. In diesem Dreieck zwischen Werkbänken, Konvektomat und Induktionsherd steht sie seit mehr als 20 Jahren, manchmal bis zu 14 Stunden am Tag. »Gerne«, wie sie immer wieder nachdrücklich betont. Johanna Maier steht mit ihrer typischen Körperhaltung am Herd: die linke Hand in die Hüfte gestützt und abgewinkelt. In der rechten hält sie einen Löffel und schmeckt ab: probiert, hält lange inne, starrt ausdauernd und schweigend in den Fond. Als Resultat folgt der Griff zur Pfeffermühle.

Es ist zehn Uhr Vormittag und in der Küche herrscht seit zwei Stunden reger Betrieb. Die Fonds köcheln in mittelgroßen Töpfen vor sich hin: Gemüse, Lamm, Reh, Kalb, Fisch. Immer wieder wird abgeschmeckt und aufgegossen. Das macht Johanna Maier persönlich, und sie sagt auch, warum sie nicht gleich größere Mengen anfertigt: »Ich glaube halt daran, dass du den Unterschied schmeckst, wenn man jeden Tag einen frischen Fond ansetzt. Die Saucen haben einfach mehr Aroma.« Ist das womöglich schon eines ihrer Geheimnisse? Frische und Sorgfalt? Wie zur Bestätigung schickt Johanna Maier eines der Mädels raus in den Kräutergarten: »Lauf rüber und hol Rosmarin und Thymian.« Der Garten liegt vielleicht 100 Meter Luftlinie von der Küche entfernt, gleich hinter der Kirche. Und dass alles so gut wächst und schmeckt, das macht wohl der Herrgott. Das zumindest denkt sich Johanna Maier, die ihren Umgang mit Gott als kraftspendendes Verhältnis ansieht.

Es ist 10 Uhr 30 und die Küche ist übersät mit Gläsern, Döschen und kleinen Kübeln, gefüllt mit frisch vorbereiteten Gewürzmischungen, Fonds und anderen Essenzen. Alles hat seine Ordnung hier und gibt im großen Zusammenhang Sinn. Der Rest der Sulzmasse wandert in den Lammfond. Nach dem Motto »Hilft's nichts, schadet's nichts«. – Es wird schon helfen, und verkommen tut in dieser Küche rohstoffmäßig rein gar nichts.

Ein speziell für die Chefin reserviertes Werkzeug gibt es nicht. Doch wer die meiste Zeit mit dem guten Global-Messer aus Japan arbeitet, ist irgendwie auch klar. »Und während der Servicezeiten hat sowieso nur einer ein Messer in der Hand: ich.« Wenn der Küchenmotor im Hotel Hubertus schnurrt, dann lächelt Johanna Maier hin und wieder ziemlich zufrieden. Dann ist hin und wieder auch ein Scherz der Chefin drin. Sonst aber bitte Konzentration und Ruhe. Geplaudert wird nicht. Obwohl: Gabor, der fröhliche Koch aus Ungarn, der mit Mimik und Statur eines fröhlichen Teddys ausgestattet ist, hätte schon eine Geschichte auf Lager. Wer weiß, vielleicht später, aber nicht jetzt, weil jetzt Mittag ist und die ersten Gäste schon warten.

Richtig stressig wird es aber erst abends, das ist auch atmosphärisch spürbar. Konzentration, Konzentration. Der Laden brummt. Die Bontafel, auf der alle Bestellungen eingehen, füllt sich mit enormem Tempo. Dietmar Maier, der Patron des Hauses, referiert nebenbei über das übliche Bestellverhalten der lieben Gäste. »Jeder an jedem Tisch bestellt was anderes. Neugierig sind sie halt alle. In Frankreich gäbe es das nicht an einem Sechsertisch – da kriegst du ein Menü vorgeschlagen. Aber wir sind halt in Österreich …«

Johanna Maier gibt den Takt der Präzisionsmaschine Küche vor. Mit ruhiger, kräftiger Stimme zählt sie die gewünschte Zeit der Fertigstellung für die einzelnen Gerichte herunter. »Drei Minuten fünf Mal Gänseleber. Eine Minute zwei Mal Parmesansüppchen. Eine Minute ein Mal Flusskrebse mit Tagliatelle.« Und als ermahnender wie aufmunternder Nachsatz: »Ein bisserl Gas, Herrschaften, die Vorspeisen müssen raus!« Solange Johanna Maier ihre Anweisungen im eher weich und milde klingenden salzburgerisch gefärbten Dialekt tätigt, ist alles einigermaßen im grünen Bereich. Die rote Zone beginnt, wenn sie plötzlich energisch im Schriftdeutschen parliert. »Zwei Mal Saibling, ein Mal Waller, erster Gang.« Außer Johanna Maier, die die Bestellungen verkündet, sagt niemand in der Küche ein Wort. Oder doch: Jede Order wird von den einzelnen ausführenden Stationen mit einem deutlichen »Ja« quittiert.

Dann die Krise: Dietmar Maiers Stift zum Ausstreichen der servierten Bestellungen liegt nicht am gewohnten Platz. Spontaner Zorn macht sich breit. »Fix Teifel, immer ist der Klump weg, wenn'st ihn brauchst.« Alle schauen, betreten Anteilnahme ausdrückend, und arbeiten weiter, keiner hat Zeit zum suchen. Nur Johanna Maier lacht wie ein Kobold in sich hinein. Sollte gar sie …?

Seit 33 Jahren sind Dietmar und Johanna Maier ein Paar. In guten und in schlechten Zeiten. Es waren sehr bewegte Zeiten. Johanna Maier ist in Radstadt, einige Kilometer von Filzmoos entfernt, aufgewachsen. Der Vater war Maurer, die Mutter betrieb eine kleine Wäscherei, die heute von Johanna Maiers Schwester geführt wird. Die Zeiten waren, materiell gesehen, äußerst karg. »Vor der Schule habe ich für den Bäcker die Semmeln ausgetragen. Nach der Schule bin ich nicht nach Hause lernen gegangen, sondern habe anderswo aushilfsweise gebügelt. Oder Schuhe geputzt für wohlhabende Leute.« Das heutige Hotel Hubertus der Maiers war damals das Jägerwirtshaus einer vergleichsweise reichen Familie. Johanna absolvierte eine Koch-Kellner-Lehre im Sporthotel Radstadt. Mit Auszeichnung natürlich, »denn ich war halt immer schon sehr strebsam«. Kennen gelernt haben sich die beiden in der Stadt Salzburg. »Ich bin zu einem Lehrlingswettbewerb gegangen. Er hat mich auf der Staatsbrücke gesehen und erkannte mich wieder, weil seine Eltern immer zu meiner Mutter die Wäsche zum Bügeln brachten. Dietmar hat mich angesprochen.« Es war Liebe auf den ersten Blick. Johanna war damals blutjunge sechzehneinhalb. Dietmar war neunzehn und absolvierte seinen Wehrdienst.

Ihre Sturm-und-Drang-Zeit blieb lange geheim und fand ihren romantischen Höhepunkt, ein halbes Jahr nach der ersten Begegnung, in einer Reise nach Paris. »Unsere Eltern wussten von nichts. Ich bin in Radstadt in den ›Arlberg-Express‹ gestiegen, er 20 Kilometer später in der Bahnstation Eben.« Paris nicht der Liebe, sondern vor allem der Arbeit wegen. »Ich hatte eine Stelle als Au-pair-Mädchen, Dietmar eine Position in einem Restaurant. Als Au-pair hat man aber so wenig verdient. Darum bin ich dann auf Anraten von Dietmar auch ins Restaurant gegangen, weil dort eine Stelle im Service frei war.« Das Lokal befand sich am Boulevard Montmartre, existiert heute nicht mehr.

Auf die Zeit als Serviererin blickt sie durchaus froh zurück: »Ich hatte immer die meisten Gäste, vielleicht auch, weil ich so ein seltsames deutsch-französisches Kauderwelsch dahergeredet habe, das alle so nett gefunden haben.«

Servicechef in jenem Restaurant war übrigens Georg Kastner. Er ist heute Geschäftsführer und Mitinhaber von Rungis Express, dem bedeutendsten Lebensmittel-Händler für die Spitzengastronomie. Damals ging Kastner gerne oft und gut essen. Und hin und wieder begleiteten ihn auch die Maiers, schnupperten erstmals in die große Feinschmeckerwelt hinein. »Das haben wir uns an unseren freien Tagen gerne geleistet.«

Überhaupt waren die zweieinhalb Jahre Paris, Ende der Sechziger, eine gute Zeit; eine alles andere als unspannende Zeit: Popkultur, Vietnam und Demos gingen an Johanna Maier allerdings mehr oder minder spurlos vorüber. »Ich war immer so eine Brave. – Der Dietmar war nicht so, aber ich hab immer auf ihn gewartet.« Wenn die schmale, blonde Frau, die eine bemerkenswert alterslose Erscheinung ist, das sagt, wirkt sie beinahe wie eine Elfe: zart, zerbrechlich, aber stets mit einer Idee davon ausgestattet, was sie will.

Die Frage, ob die beiden in Paris bleiben, beantwortet sich von selbst. »Ich wurde schwanger und wollte zurück nach Österreich. Dazu kam, dass der Dietmar heim musste, weil er seine Mutter im Betrieb als Küchenchef ablösen sollte.« Erst daheim wurde dann auch der Familie das Kommen der ersten Tocher, Simone, avisiert. »Anfangs war das schon ein Schock, aber unsere Liebe war halt stärker.« 1971 kehren sie nach Österreich zurück. Im selben Jahr wird zuerst standesamtlich geheiratet. Als dann zwei Jahre später der älteste Sohn, Tobias, geboren wird, wird die Verbindung auch kirchlich besiegelt. Die beiden ziehen in den Gasthof Hubertus. Dietmar und seine Mutter arbeiten anfangs gemeinsam in der Küche, Johanna kümmert sich um den Service und die Gästezimmer. Das geht etwa zehn Jahre so. »Ich war wie ein Hausmädchen.« Die Arbeit war hart, hatte dazu den bitteren Beigeschmack, dass jede damit verbundene Freude und Inspiration wertlos sei.

Als die Schwiegermutter 1984 stirbt, wird alles anders. Es ist der Neustart im Leben der Johanna Maier. Sie arbeitet ab sofort in der Küche, ist aber bald an der Grenze der Möglichkeiten. Dazu kommt, dass die schwere, üppige Regionalküche nicht ihrem Naturell entspricht. Trotzdem: Der Laden läuft, und als Belohnung für die erste toll gelaufene Saison führt Dietmar sie zum Essen zu den Obauers im nahen Werfen aus. Die beiden Brüder gehören schon damals zu den besten Köchen des Landes. Ein Essen wie eine Initialzündung. »Ich war fassungslos, habe gesagt, unglaublich, dass Menschen so kochen können.« In diesem Augenblick stand für sie fest: »So will ich auch kochen!« Der Zufall will, dass just zu diesem Zeitpunkt im nahen Bischofshofen ein mehrtägiges Kochseminar mit dem 3-Sterne-Koch Dieter Müller ausgeschrieben war. »Es kostete für die damaligen Begriffe wahnsinnig viel Geld: mehr als 15 000 Schilling.« Für Johanna Maier war es das Geld jedenfalls wert. Endlich weiß sie, was und wie sie kochen will. Dieter Müller unterstützt sie, lässt sie für kurze Zeit in seinem Betrieb mitarbeiten. Und obwohl sie inzwischen das dritte Kind erwartet, sucht sie weiter in Kochbüchern nach Ideen.

»Das alles war extrem schwierig, das kann sich gar keiner vorstellen.« Johanna Maiers Stimme zittert, wenn sie das sagt. Weil sie sich darüber freut, dass sie es geschafft hat, und weil zugleich das Grauen über diese schlimme Zeit in ihr hochsteigt. »Es war so enorm kompliziert, in einem Dorf wie Filzmoos eine komplett andere Küche zu machen. Und dabei auch noch das Können zu haben. Den Willen dazu habe ich ja gehabt, aber das Können war damals noch nicht vorhanden. Ich wusste ganz einfach nicht, wie ich eigentlich zum Ziel komme, musste mir sämtliche Grundlagen selbst beibringen, weil ich ja nur eine unzureichende Ausbildung hatte. Mein Glück war dann, die Topköche dieser Zeit persönlich kennen zu lernen.« Bei Hans Haas in München, André Jaeger in Schaffhausen, Jean-Georges Vongerichten in New York, im Regent in Hongkong hat sie sich neue Ideen und Arbeitskonzepte geholt. »Zu denen durfte ich kommen und lernen. Davon habe ich enorm profitiert. Aber das waren immer nur ein paar Tage. Ich habe ja daheim die Kinder und den Betrieb gehabt, konnte gar nicht länger weg.«

Die achtziger Jahre waren im deutschsprachigen Raum die Zeit des allgemeinen gastronomischen Aufbruchs. Die Nouvelle Cuisine war in aller Munde, überall wurde der sprichwörtliche Schnittlauch gefüllt, und die Essensminiaturen servierte man zu enormem Preis der begierigen Klientel.

Auch Johanna Maiers Gäste mussten umlernen. War bis dahin Gemüse förmlich tot gegart, hatte man sich plötzlich an nur kurz blanchierte Rübchen und Erbsenschoten zu gewöhnen. Nicht wenige Gäste verweigerten das bissfeste Gemüse mit empörter Irritation. Reklamationen hatten kaum Aussicht auf Erfolg: »Ich habe mich halt immer danach gerichtet, wie es die besten Köche gemacht haben. Und wenn der Bocuse das in einem Kochbuch so geschrieben hatte, dann war das Gesetz. Ganz egal, ob's der Gast jetzt wollte oder nicht!«

Mit der Zeit kommt die Anerkennung, nicht nur von den Gästen, sondern auch von den Kritikern. 1987 kommt der jüngste Sohn, Johannes, zur Welt, sie wird zum vierten Mal Mutter. Zeitgleich bekommt sie die erste Gault-Millau-Haube. 1994 erhält sie die Trophée Gourmet für die beste österreichische kreative Küche vom Gourmetmagazin »À la Carte«. 1996 wird Johanna Maier zur Köchin des Jahres gekürt.

Je länger man kocht, meint Johanna Maier, umso befriedigender ist das Ergebnis: »Ich denke auch, umso feinfühliger wird man, umso empfindsamer für die Produkte, für den Geschmack, die Nuancen. Ich bin ein Spätzünder. Ich hätte mich vor Jahren nie getraut, jene Kompositionen zu servieren, die sich heute in meinem Repertoire finden. Das Gefühl für die Natur und ihre Produkte haben junge Leute meistens noch nicht. Ich sehe das ja oft in der eigenen Küche, wenn die Neuen Gemüse oder Kräuter ziemlich achtlos behandeln. Da werden diese Produkte dann schon einmal zu lange gewässert. Ich habe in jungen Jahren ebenso wenig auf all diese Details geachtet. Kochen tun sie alle gern, aber das ist in dieser Phase noch vordergründiges Handwerk. Das Hinterfragen und das wissende Fundament eignet man sich erst viel später an.«

Oft kamen Johanna Maier auch Zweifel am eigenen Handeln: »Ich bin keine so eine tolle Mutter. Ich habe die Kinder jahrelang ins Bett gebracht, mit ihnen kurz gebetet und bin wieder in die Küche gegangen. Nicht selten sind sie runtergekommen, und ich habe sie dann wieder raufgeschickt, weil ich ganz einfach keine Zeit hatte. Das hat mich schon sehr belastet. Heute habe ich zu meinen Kindern Gott sei Dank eine wirklich tolle Beziehung. Im Nachhinein konnte ich ihnen wohl auch klar machen, dass ich viel Arbeit auch im Hinblick auf ihre eigene Zukunft auf mich genommen haben.«

Die Gastronomie liegt den Maiers im Blut: Selbst der älteste Sohn, Tobias, der eine Zeit lang nichts mit Spitzengastronomie zu tun haben wollte, steigt nun wieder ein und hat bei seiner Mutter um einen Arbeitsplatz in der Hubertus-Küche nachgesucht.

Ist Geschmack und alles, was damit zusammenhängt, eigentlich erlernbar? Und wie gibt eine Mutter dieses Wissen an ihre Kinder weiter? »Bis zu einem gewissen Punkt ist es erlernbar, aber manche gelangen halt darüber hinaus und schaffen etwas Besonderes. Ob dem so ist, weiß man immer erst hinterher. All das ist aber auch sehr stark von den Rahmenbedingungen abhängig. Ich darf zum Beispiel nicht gestresst sein, mich nicht überfordert fühlen. Dann ist mein Geschmackssinn auch entsprechend kreativ.«

Wichtig für die Königsklasse in der Spitzengastronomie ist die Balance von Selbstsicherheit und Selbstzweifel: »Es gibt Zeiten, da habe ich das Gefühl, dass mir nichts gelingt. Dann würde ich am liebsten mit dem Kochen aufhören, weil mir nichts schmeckt. Und dann gibt's aber auch solche Höhen, wo ich enorm viel Freude in mir spüre, wenn ich etwas abschmecke. Da liegt dann meine ganze Emotion darin, und entsprechend enthusiastisch ist in der Regel auch die Reaktion der Gäste.«

Längerfristige Selbstzufriedenheit ist nicht Johanna Maiers Art: »Ich habe nicht das Gefühl, dass ich den Höhepunkt meiner Fähigkeiten schon erreicht habe. Ich bin auch kein Shooting Star mit nahendem Ablaufdatum. Ich denke, ich habe noch viel vor mir. Und es ist keine Übertreibung, wenn ich sage, dass Kochen mein Leben ist. Deshalb kann ich mir nicht vorstellen, dass ich manche Schlüsselbereiche, wie etwa das persönliche Abschmecken und endgültige Fertigstellen eines Gerichtes, delegiere. Das ist mir viel zu wichtig und ein echtes Anliegen.

Kochen ist nie zu Ende. Es gibt immer noch eine zusätzliche Steigerungsmöglichkeit.«

Gemüsesulz
mit Frühlingskräutervinaigrette

Gemüsefond

¹⁄₈ weiße Zwiebel

¹⁄₂ Knoblauchzehe

¹⁄₂ Lauchstange

2 EL Maiskeimöl

2 vollreife Tomaten

¹⁄₂ Fenchelknolle, 1 Karotte

1 kleine Stange Stangensellerie

5 Stangen Zitronengras

1 ¹⁄₂ l Wasser

13 Blätter Gelatine

Saft von ¹⁄₂ Zitrone

Salz, Pfeffer

Einlage

4 vollreife Tomaten (enthäutet,
entkernt und geviertelt)

4 weiße Spargelstangen
(bissfest gegart)

4 grüne Spargelstangen
(bissfest gegart)

Frühlingskräutervinaigrette

Sauerampfer, Schnittlauch, Kerbel,
Basilikum, Löwenzahn

125 ml Gemüsefond
(siehe obiges Rezept)

4 EL Weißweinessig

2 EL Traubenkernöl,

2 EL Sonnenblumenöl

Salz, Pfeffer, 1 Prise Zucker

Gemüsefond Zwiebel, Knoblauch und Lauch waschen, schälen und fein schneiden. In einem Topf Maiskeimöl erhitzen, Gemüse darin ohne Farbe nehmen zu lassen anschwitzen.

Tomaten, Fenchel, Karotten und Stangensellerie putzen, klein schneiden und in den Topf geben. Zum Schluss das fein geschnittene Zitronengras zugeben. Mit Wasser auffüllen und 30 bis 45 Minuten köcheln lassen. Wenn das Gemüse gar ist, den Fond durch ein Sieb seihen.

Die in kaltem Wasser eingeweichte und gut ausgedrückte Gelatine in 1 Liter Gemüsefond auflösen. Mit Zitronensaft, Salz und Pfeffer abschmecken.

Einlage Tomaten enthäuten, entkernen und vierteln. Spargel und Tomaten zuerst in den Sulzenstand (flüssiges Gelee) einlegen und erst danach in eine Form einschichten (ansonsten bricht das Gemüse beim späteren Schneiden auseinander) mit Gelee auffüllen. Danach für etwa 3 Stunden in den Kühlschrank stellen. – Je nach Saison kann man natürlich auch andere Gemüsesorten wie etwa Zucchini für die Einlage verwenden.

Frühlingskräutervinaigrette Alle Kräuter fein schneiden (Menge nach Geschmack) und in den Gemüsefond einrühren. Essig zugeben, erst zum Schluss das Öl ganz langsam einrühren (dadurch erhält die Vinaigrette eine besonders feine Konsistenz). Mit Salz, Pfeffer und Zucker abschmecken. Sulz aus der Form stürzen, in Scheiben schneiden und auf der Vinaigrette anrichten.

Servieren Sie die Sulz mit Rindszungensulz (Seite 21) und Tomatengelee mit Krabben (Seite 26).

Der in diesem Rezept beschriebene Gemüsefond ist in meiner Küche unentbehrlich und wird bei vielen Gelegenheiten verwendet. Besonders intensiv schmeckt der Fond, wenn man beim Seihen des Fonds das Gemüse leicht andrückt.

Sulz von der gepökelten Rindszunge
auf Kernöl-Vinaigrette

Sulz

1 l kräftige Rindssuppe
(Rezept Seite 71)
10 cl weißer Balsamico-Essig
Salz, frisch gemahlener Pfeffer
13 Blätter Gelatine
1 gepökelte, gekochte Rindszunge,
fein geschnitten
½ Bund Schnittlauch,
fein geschnitten

Kernöl-Vinaigrette

100 ml Rindsfond
4 EL Kürbiskernöl
4 EL Maiskeimöl
4 EL Weißweinessig
evtl. Kürbiskerne, gehackt und geröstet
Salz, frisch gemahlener weißer Pfeffer
1 Prise Zucker

Sulz Die Rindssuppe mit Salz, Pfeffer und Balsamico-Essig kräftig abschmecken. Gelatine in kaltem Wasser einweichen und gut ausdrücken. Gelatine in der warmen Brühe auflösen. Den Boden einer Terrinenform mit flüssiger Geleemasse ausgießen. Schnittlauch darüber streuen. Die Form im Wechsel mit der fein geschnittenen Rindszunge und Gelee auffüllen. Mit einer Schicht Gelee abschließen und für einige Stunden in den Kühlschrank stellen.

Vinaigrette Sämtliche Zutaten verrühren und mit Salz, Pfeffer und Zucker abschmecken. Sulz aus der Form stürzen, in Scheiben schneiden und auf der Vinaigrette anrichten.

Ein österreichischer Klassiker, der für mich ohne das typische Kernöl, eine steirische Spezialität, einfach unvorstellbar ist.

Mousse von der geräucherten Bachforelle
im Tomatengelee mit Kaviar

Forellen-Mousse

6 geräucherte Bachforellenfilets

500 ml Tomatenconsommé

(vgl. Rezept Seite 26)

1 Zweig Rosmarin

1 Zweig Thymian

10 weiße Pfefferkörner

5 Champignons, in Scheiben

4 Blätter Gelatine

Salz, frisch gemahlener Pfeffer

Zitronensaft

100 ml Obers (süße Sahne)

3 EL Forellenkaviar

Tomatengelee

300 ml Tomatenconsommé

ca. 3 ¾ Blätter Gelatine

Forellen-Mousse Von den Bachforellenfilets die Haut abziehen. Tomatenconsommé aufkochen, Forellenfilets, Rosmarin, Thymian, Pfefferkörner, Champignons sowie die abgezogene Fischhaut zugeben. Etwa 20 Minuten leicht köcheln lassen. Danach Fischhaut, Rosmarin und Thymian entfernen. Die Consommé gut verrühren und durch ein Spitzsieb zu einer Mousse passieren.

Die Gelatine in kaltem Wasser einweichen, danach gut ausdrücken und in der noch warmen Mousse auflösen. Mit Salz, Pfeffer und Zitronensaft abschmecken. Danach in den Kühlschrank stellen.

Obers leicht cremig aufschlagen und mit der kalten Mousse vermengen. (Die Konsistenz der beiden Massen sollte gleich sein.)

Tomatengelee Die Tomatenconsommé erwärmen. Die im kalten Wasser eingeweichte und gut ausgedrückte Gelatine darin auflösen. Eine Terrinenform mit Tomatengelee ausgießen, mit Forellenkaviar auffüllen und kalt stellen. Danach die Forellen-Mousse einfüllen, abermals in den Kühlschrank stellen und zuletzt mit einer Schicht Tomatengelee abschließen. Das Gelee noch einmal 3 bis 4 Stunden kühlen.

Bestehen Sie beim Einkauf auf Bachforelle. Sie schmeckt ungleich nuancierter als die herkömmliche Regenbogenforelle, die leider zum Massenprodukt verkommen ist.

Sauerrahmtörtchen mit Krabbensülzchen
und mariniertem Frühlingssalat

Krabbensulz

Meersalz

120 g Krabbenfleisch, tiefgefroren

1 gelbe Paprikaschote

1 EL Olivenöl

5 reife Eiertomaten

6 Blätter Basilikum

500 ml Tomatengelee (vgl. Rezept
Seite 26, mit der Hälfte der dort
genannten Zutaten)

Sauerrahm-Mousse

150 g Sauerrahm

100 g Crème fraîche

1 ½ Blätter Gelatine

einige EL Obers (süße Sahne)

Salz, frisch gemahlener Pfeffer

etwas Zitronensaft

Als Beilage

gemischte Frühlingsblattsalate
(z. B. Löwenzahn, Bärlauch,
Schnittlauch und Rucola)
Salatdressing (vgl. Rezept Seite 31)

Krabbensulz In einem Topf Wasser mit reichlich Meersalz aufkochen lassen. Den Topf vom Herd nehmen und das gefrorene Krabbenfleisch bei aufgelegtem Deckel etwa 3 Minuten ziehen lassen.

Die Paprikaschote halbieren, Samen und harte Zwischenwände entfernen. Mit Olivenöl bestreichen und im heißen Backofen so lange garen, bis sich die Haut leicht abziehen lässt. Anschließend das Fruchtfleisch in Streifen schneiden.

Die Tomaten kreuzweise einschneiden, kurz in kochendem Wasser blanchieren, danach kalt abschrecken, enthäuten, vierteln und entkernen. Die Basilikumblätter in Streifen schneiden. Zusammen mit den Paprikastreifen, Krabbenfleisch und den Tomaten in vorbereitete Portionsformen füllen. Das Tomatengelee zubereiten und die Förmchen mit der flüssigen Masse auffüllen. Anschließend in den Kühlschrank stellen. Die Tomatensulz leicht anziehen lassen und erst dann mit der Sauerrahm-Mousse (siehe unten) bestreichen.

Sauerrahm-Mousse Rahm und Crème fraîche verrühren. Gelatine in etwas Wasser einweichen, gut ausdrücken und in etwas angewärmtem Obers auflösen. Die Gelatinemasse in die Crème-fraîche-Sauerrahm-Mischung einrühren. Mit Salz, Pfeffer und Zitronensaft pikant abschmecken, auf die leicht gelierte Sulz füllen und für mindestens 4 Stunden in den Kühlschrank stellen.

Sauerrahmtörtchen mit Krabbensulz und mariniertem Frühlingssalat anrichten.

Tomatengelee
mit Krabben, Paprika und Basilikum

Tomatenconsommé

1 kg frische, reife Tomaten

1 Dose ganze, geschälte
Tomaten (»pelati«)

2 Eiweiß

500 g faschiertes
(gehacktes) Rindfleisch

1 Karotte, in kleinen Würfeln

½ Knollensellerie, in kleinen Würfeln

½ Lauchstange, in feinen Ringen

1 Knoblauchzehe, fein gehackt

einige weiße Pfefferkörner

einige Wacholderbeeren

1 Zweig Thymian

1 Zweig Rosmarin

1 Prise Zucker, Salz

2 l Geflügelfond (Rezept Seite 77,
ersatzweise kaltes Wasser)

Eiswürfel

Gelee

ca. 13 Blätter Gelatine (jeweils
1,3 Blätter auf 100 ml Consommé)

Einlage

1 gelbe Paprikaschote

10 Kirschtomaten

6 Blätter Basilikum

120 g Krabbenfleisch

Consommé Die frischen Tomaten grob schneiden und mit den Dosentomaten mischen. Das Eiweiß mit einem Schneebesen leicht aufschlagen und mit dem Faschierten, dem klein geschnittenen Gemüse und den Tomaten vermengen. Knoblauch und sämtliche Gewürze einrühren und die Mischung in einen großen Topf geben. Nochmals gut verrühren. Zuletzt mit Gemüsefond bzw. Wasser und Eis auffüllen.

Den Topf auf den Herd stellen und unter mehrmaligem Umrühren zum Kochen bringen. Gründliches Rühren ist vor allem am Anfang wichtig, damit sich das Eiweiß nicht am Boden absetzt. Sofort nach dem Aufkochen die Hitze zurückschalten und etwa 3 bis 4 Stunden weiter köcheln lassen. Dabei ab und zu probieren und, wenn nötig, nachwürzen. Während des Kochens setzt sich die Masse langsam ab, und die Flüssigkeit wird völlig klar. Die Consommé zum Schluss vorsichtig durch ein Haarsieb abseihen. Mit den angegebenen Zutaten sollte etwa 1 Liter Brühe entstehen.

Gelee Die Gelatine in kaltem Wasser einweichen, ausdrücken und in der Brühe auflösen.

Einlage Die Paprikaschote mit Öl bestreichen und bei starker Oberhitze kurz in den Ofen geben. Danach enthäuten und in Streifen schneiden. Die Kirschtomaten kreuzweise einschneiden, kurz in kochendes Wasser legen, danach in Eiswasser abschrecken. Anschließend enthäuten, vierteln und entkernen. Die Basilikumblätter in feine Streifen schneiden und mit den Paprikastreifen, Krabbenfleisch und Tomaten in Gläser füllen. Mit dem flüssigen Gelee auffüllen und einige Stunden im Kühlschrank erstarren lassen.

Konzentrierter Geschmack für heiße Sommertage.
Eingefleischte Vegetarier können die Krabben auch weglassen.

Carpaccio vom Bachsaibling
mit Basilikum-Vinaigrette und Frühlingssalat

Carpaccio

4 frische Bachsaiblingsfilets
etwas hochwertiges Olivenöl
zum Beträufeln
Salz, frisch gemahlener Pfeffer

Basilikum-Vinaigrette

150 ml hochwertiges Olivenöl
Saft von 1 Zitrone
würfelig geschnittenes Fruchtfleisch
von 12 Baby-Rispentomaten
Salz, frisch gemahlener Pfeffer
10 Blätter Basilikum,
in feine Streifen geschnitten

Als Beilage

gemischte Blattsalate der Saison
Salatdressing (vgl. Rezept Seite 31)

Carpaccio Die Saiblingsfilets enthäuten, zwischen Klar-sichtfolie legen und vorsichtig mit einem Plattiereisen flach drücken. Die Filets einrollen und im Tiefkühlgerät etwas anfrieren lassen. Anschließend in hauchdünne Schei-ben schneiden.

Flache Teller mit Olivenöl beträufeln, salzen und pfef-fern. Die noch leicht gekühlten Carpaccio-Scheiben darauf legen und mit der Vinaigrette marinieren.

Vinaigrette Öl, Zitronensaft und Tomatenwürfel vermen-gen, mit Salz und Pfeffer abschmecken. Zum Schluss die Basilikumstreifen darüber streuen.

Die Blattsalate mit dem Dressing marinieren und auf Tellern anrichten.

Für den asiatischen Touch marinieren Sie das Carpaccio mit einer Marinade aus Oliven- und Sesamöl, Limettensaft, Sojasauce und Fischsauce.
Mit frisch gehacktem Koriander abschmecken.
Sollte kein Plattiereisen vorhanden sein, kann man auch den Boden einer schweren Pfanne zum Flachklopfen der Filets verwenden.

Salatdressing

(Für etwa 2 Liter)

je 2 Zweige Basilikum, Kerbel,

Petersilie, grob gehackt

½ Zwiebel, fein geschnitten

1 Knoblauchzehe, fein geschnitten

½ EL Dijonsenf

500 ml Geflügelfond

(Rezept Seite 77)

Salz, Zucker

125 ml Madeira

3 cl Cognac

125 ml weißer Portwein

180 ml Weißweinessig

3 cl Rotweinessig

3 cl guter Balsamico-Essig

3 cl Sherry-Essig

500 ml Maiskeimöl

400 ml kalt gepresstes Olivenöl

Kräuter, Zwiebel, Knoblauch und Senf mit dem Geflügel-fond verrühren und einige Stunden marinieren lassen.

Anschließend durch ein Sieb seihen und mit den übri-gen Zutaten (mit Ausnahme des Öls) verrühren. Erst zum Schluss das Öl mit einem Schneebesen langsam einrühren.

Das Salatdressing in Schraubgläser füllen und im Kühl-schrank aufbewahren.

Mit diesem Dressing kann man sowohl Salat als auch Gemüse marinieren. Die Zubereitung lohnt sich nur in größeren Mengen: Gekühlt und gut verschlossen hält sich das Dressing über Monate.

Frühlingskräutersalat
mit Avocado, Sprossen, Gemüse und Kräuteröl

2 gelbe Rüben

2 Karotten

Salz

1 Avocado

2 Hände voll Sojasprossen

200 g gemischter Blattsalat

Dressing

250 ml Hühnerfond

1 Zweig Rosmarin, gerebelt

15 Blätter Basilikum,

in Streifen geschnitten

1 Knoblauchzehe, fein gehackt

1 Schalotte, fein geschnitten

Salz, 1 Prise Zucker

frisch gemahlener Pfeffer

50 ml Weißweinessig

50 ml Sherryessig

$\frac{1}{16}$ l Olivenöl

$\frac{1}{16}$ l Traubenkernöl

Kräuteröl

1 Bund Petersilie

200 ml Maiskeimöl

Zum Darüberstreuen

1 Hand voll Wiesenkräuter

(z. B. Beifuß, Bärlauch,

Gänseblümchen, Löwenzahn)

Die Rüben und Karotten schälen, in Streifen schneiden und in Salzwasser bissfest kochen. Avocado halbieren und den Stein entfernen. Die Avocado schälen und in 3 bis 4 mm breite Scheiben schneiden. Die Sojasprossen ganz kurz in Salzwasser blanchieren. Den Blattsalat gründlich waschen und putzen.

Dressing Hühnerfond mit Rosmarin und Basilikum, Knoblauchzehe, Schalotte, Salz, Zucker und Pfeffer ca. 2 Stunden marinieren lassen, danach abseihen. In die Marinade Weißwein- und Sherryessig, Olivenöl und Traubenkernöl langsam einrühren.

Kräuteröl Petersilienblätter abzupfen und kurz in kochendem Wasser blanchieren. Danach in Eiswasser abkühlen und gut abtrocknen. Die Petersilie in der Küchenmaschine mit dem Öl vermischen.

Die geputzten Blattsalate, Rüben, Karotten und Avocadoscheiben mit dem Dressing marinieren und auf Tellern anrichten. Zum Schluss die blanchierten Sprossen und verschiedenen Kräuter drüber streuen.

Mit etwas Kräuteröl beträufeln.

In der Stadt muss man sich die meisten Zutaten für diesen Salat beim Gemüsehändler besorgen. In Filzmoos suche ich mir die Kräuter ganz einfach auf der nächstgelegenen Wiese.

Geräucherte Entenbrüste

10 große Stücke Entenbrust

140 g Salz

70 g Pökelsalz

1 TL Kümmel

1 TL Korianderkörner

2–3 Lorbeerblätter

15–20 Wacholderbeeren

2–3 Knoblauchzehen, fein gehackt

etwas Puderzucker

Alle Gewürze, Knoblauch und Puderzucker vermischen und in der Küchenmaschine nicht zu fein zerkleinern. Die Entenbrüste in der Gewürzmischung wälzen und gut damit einreiben. In ein geeignetes Gefäß dicht aneinander einlegen und bei Zimmertemperatur ca. 12 Stunden lang durchziehen lassen.

Danach ein Gewicht von etwa 2 Kilogramm auf die mit Klarsichtfolie abgedeckten Entenbrüste legen und abermals 12 Stunden im Kühlschrank weiter ziehen lassen. Während dieser Zeit die Brüste immer wieder wenden! Dabei die abgesonderte Flüssigkeit weggießen und durch Wasser ersetzen. Dieses sollte die Brüste bedecken. Nochmals 24 Stunden lang einwirken lassen, dabei das Wasser je nach Salzgeschmack zwei bis drei Mal wechseln!

Die fertig gebeizten Brüste etwa 14 Minuten bei 100 °C im Räucherofen räuchern und anschließend kühl stellen.

Kleine Räucheröfen finden Sie preisgünstig in Fachgeschäften für Anglerbedarf oder auch in Baumärkten.

Zweierlei von der Gänsestopfleber
und Enten-Prosciutto mit Litschi-Confit

(Für 6–8 Personen)

Gänselebergewürz

1 kg Salz

100 g Zucker

100 g Pökelsalz

Gänseleber

1 frische Gänsestopfleber

(etwa 600 g)

6 cl Sauternes

5 cl weißer Portwein

4 cl Cognac

10 g Gänselebergewürz

Litschi-Confit

300 g Litschi

Saft von 1 Limette

80 g Zucker

100 ml Champagner

1 ½ Blätter Gelatine

Enten-Prosciutto

1 Stück geräucherte Entenbrust

(vgl. Rezept Seite 36)

Gänseleber Das Gänselebergewürz in einer größeren Menge zubereiten. Die Leber von Blutresten und Sehnen befreien, in daumengroße Stücke teilen. Sehnen und sehr kleine Stücke durch ein Haarsieb streichen und mit den Leberstücken, Sauternes, Portwein, Cognac und dem Gänselebergewürz vermischen. In ein möglichst schmales Gefäß geben, damit nur ein geringer Durchmesser der Oberfläche mit Sauerstoff in Kontakt kommen kann, da sich dadurch eine Graufärbung ergibt. Gut mit Klarsichtfolie abdecken und einen Tag lang im Kühlschrank marinieren lassen.

Anschließend die Lebermasse in eine geeignete Porzellanterrinenform füllen und im Wasserbad bei 70 °C etwa 25 Minuten lang pochieren. Danach noch einmal mindestens einen Tag lang in den Kühlschrank stellen.

Litschi-Confit Die Früchte schälen, entkernen und in eine Schüssel geben. Mit Limettensaft und Zucker einen Tag lang marinieren lassen. Danach durch ein Sieb passieren. Mit Champagner aufgießen, die in etwas Wasser aufgelöste Gelatine zugeben. Nochmals mit Zucker abschmecken.

Einen flachen Teller mit Wasser befeuchten und mit Klarsichtfolie auslegen. Litschi-Confit dünn hineingießen, anschließend im Kühlschrank stocken lassen. Das fest gewordene Confit auf eine Arbeitsplatte stürzen und klein schneiden.

Enten-Prosciutto Die geräucherte Entenbrust im Tiefkühlgerät kurz anfrieren lassen, damit man sie anschließend leicht in hauchdünne Scheiben schneiden und auf Klarsichtfolie legen kann.

Die ausgekühlte Gänseleber in ca. 2 mm dicke Scheiben schneiden. Diese auf den Entenprosciutto legen und mit einer Palette vorsichtig gleich streichen. Anschließend einrollen und kalt stellen.

Zu den Gänseleber-Entenbrust-Röllchen das Litschi-Confit separat servieren.

Der perfekte Auftakt für ein festliches Menü im Herbst und Winter.
Das Litschi-Confit und die Gänseleber verschmelzen zu ungeahnter Harmonie.

Himbeeressig

Nach der folgenden Rezeptur kann man auch andere
Früchte, wie Brombeeren, Hagebutten oder Kirschen,
zu äußerst aromatischem Essig verarbeiten.

(Für etwa 1 Liter)
300 g Himbeeren zum Marinieren
2 Zweige Minze
1 l Weißweinessig
100 g vollreife Himbeeren

Die zum Marinieren vorgesehenen Himbeeren und einen
Zweig Minze mit Essig bedecken und 14 Tage lang durch-
ziehen lassen. Danach den Essig abseihen, Himbeeren und
Minze dabei entfernen und durch die frischen, vollreifen
Himbeeren ersetzen. In eine Flasche füllen und mit dem
abgeseihten Essig übergießen.

Einen frischen Zweig Minze zugeben und an einem
kühlen, dunklen Ort durchziehen lassen.

Kräuteröl

Aroma pur! Gut für mediterrane Salate und Gemüse. Oder
Sie verwenden das Öl zum Anbraten von Fleisch und Fisch.

(Für etwa 1 Liter)
1 l kalt gepresstes Olivenöl
1 TL weiße Pfefferkörner
1 TL rote Pfefferkörner
2 Zweige Rosmarin
2 Zweige Thymian
6 Wacholderbeeren
½ TL Salz

Das Öl leicht erwärmen, Gewürze und Kräuter und Salz
hinzufügen. Mindestens 30 Minuten ziehen lassen, anschließend in eine Flasche umfüllen und an einem kalten
Ort etwa 6 Wochen durchziehen lassen.

Eingelegte marinierte Steinpilze

(Für 1 großes Glas)

500 g frische Steinpilze

Essigmarinade

mehrere Zweige Rosmarin

mehrere Zweige Thymian

2–3 Lorbeerblätter

mehrere Pfefferkörner

mehrere Korianderkörner

300 ml Essig

Salz

Zum Einlegen

1 Peperoncino (Chilischote)

2 Knoblauchzehen

Rapsöl

Die Pilze mit einem feuchten Küchentuch sorgfältig reinigen, die größeren Exemplare blättrig schneiden, die kleineren ganz lassen.

Essigmarinade Sämtliche Zutaten gut verrühren. Die Pilze in der Marinade ca. 3 Minuten köcheln lassen, danach abseihen.

Zum Einlegen Die Steinpilze mit Peperoncino und Knoblauch in ein Glas schichten und mit Öl auffüllen.

Wichtig: Die Pilze müssen komplett mit dem Öl bedeckt sein, sonst halten sie nicht! In einem gut verschlossenen Glas an einem kühlen Ort aufbewahren.

Auch Artischocken, Eierschwammerl (Pfifferlinge) oder Paprikaschoten kann man mit dieser Methode über den Winter konservieren.

»Ich bin auf der Suche nach dem Urgeschmack.«

Die Ideen für anerkannt große Küche fallen niemandem in den Schoß. Ich bin in meinem Inneren ein eher unsteter Geist, auch wenn ich nach außen hin ruhig wirke. Vielleicht ist es das, was mich jung hält. Wenn ich in der Küche etwas längere Zeit auf die gleiche Art mache, werde ich automatisch unruhig. Dann muss sich was ändern. Bei der Entstehung neuer Speisen geht es zumeist nur um Kleinigkeiten. Alles beginnt mit Ideen, die oft nicht so leicht realisierbar sind. Man will ein Produkt möglichst perfekt wiedergeben oder es auf eine ganz spezielle Art und Weise verändern. Dann sucht man nach Möglichkeiten, beschäftigt sich tagelang mit dem Thema: beim Aufstehen ebenso, wie man mit verschiedenen Ansichten schlafen geht. Und dann plötzlich kommt der Moment, wo die Idee da ist. Man macht es, und wenn was rauskommt, wovon die Gäste begeistert sind, dann ist die Übung gelungen. Für diese Erfolgserlebnisse liebe ich meinen Beruf besonders.

Die maßgeblichste Kritikerin ist meine Tochter Simone. Eine Mutter-Tochter-Beziehung, die ohne viele Worte funktioniert – wir haben eine Art blindes Vertrauen zueinander.

Simone hat meine Geschmackswelt komplett intus, was sehr hilft, wenn ein neues Gericht noch den inneren Konflikten meiner Zweifel ausgesetzt ist und erstmals ihrer Begutachtung zugeführt wird. Ich lege auf ihr Urteil sehr viel Wert. Und sie liegt meistens richtig.

Steigerung ohne Unterlass könnte das Motto für die Menüs sein.

Mein Ziel ist die Gesamtleistung über alle sieben Gänge hinweg Ich glaube, dass mir der Geschmack besonders gegeben wurde. Meine Gäste sagen oft, nachdem sie das Menü gegessen haben, dass es von Anfang bis zum Ende eine Symphonie war. Kein Gang ist abgefallen, eine harmonische Steigerung – die Gesamtleistung eben. Ich höre das natürlich gerne. Diesen Zustand habe ich erst in den letzten Jahren erreicht. Wenn ich ein Apfelsorbet mache, soll es so intensiv schmecken, wie ich Äpfel in meiner Kindheit erlebt habe, wenn ich in einen frisch vom Baum gepflückten Apfel gebissen habe. Ich will den Urgeschmack haben, der aber nur mit der notwendigen handwerklichen Raffinesse zu erzielen ist. Und doch schmeckt ein und dasselbe Gericht mitunter ein wenig anders. Das Abschmecken einer Speise ist eine sehr persönliche Sache. Ich glaube auch, dass man nicht jeden Tag gleich abschmecken kann. Das ist zugleich auch das Spannende und Schöne an diesem Beruf. Ein Sänger oder Musiker ist ja mitunter auch an jedem Tag ein wenig anders disponiert.

Der Zusammenhang zwischen Küche und der Natur ist augenscheinlich. Im Frühling und Sommer erwacht mein kreativer Geist: Ich liebe es, wenn die Natur zu erwachen beginnt und ich die ersten frischen Sachen kriege. Wir machen dann Salate, die ausschließlich aus den Kräutern und Blumen der umliegenden Wiesen bestehen. – Unwahrscheinlich gut!

In jedem guten Koch ist auch ein Amateurmediziner verborgen: Ich weiß intuitiv, was dem Körper gut tut. Was der Körper im Winter braucht, was im Sommer. Ingwer, Galgant, Koriander und Chili braucht man, um wohlige Wärme zu spüren, den Körper vor Infektionen zu schützen und zu desinfizieren. Die asiatischen Gewürze brauchen wir nur im Winter, weil dann unsere Natur schläft. Im Frühjahr aber sind die Asia-Aromen verzichtbar. Dann geht's bei uns los mit Bärlauch, Spargel, Löwenzahn, mit all den wild wachsenden Wiesenkräutern und Blumen.

Sparen beim Fett ist klarerweise Pflicht, aber dafür muss man großzügig bei den Kräutern sein. Denn Kräuter machen den Körper glücklich, vitalisieren ihn, tun den Organen gut. Vor allem Butter sollte man nur dann einsetzen, wenn es wirklich essenziell für den Geschmack ist. Sonst ist es besser, auf Olivenöl auszuweichen. Und das Grundgeheimnis schlechthin: kleine Portionen. Es hat schon seinen besonderen Reiz, wenn zum Beispiel ein Lammrücken oder ein großes Entrecote auf zwei Arten mit verschiedenen Beilagen serviert wird. So wandelt sich das Fleisch zur genussvollen Nebensache, erscheint jedes Mal in einem ganz anderen Licht. So wird der Hauptgang auch von mir in zwei Gängen serviert, zwischen denen Zeit für gute Gespräche bleibt und man sich danach nicht schwer und müde fühlt.

Bei einem fulminanten Dinner – was leider viel zu selten vorkommt – schlage ich selbst schon ordentlich zu: Ich liebe es, mit Gänseleber zu beginnen. Dann Fisch oder Krustentiere. Lamm ist mein Lieblingsfleisch. Beim Dessert mag ich zuerst Früchte und hinterher Schokolade. Und auch wenn es sich nicht so gehört: Ich mag Käse immer erst nach dem Dessert.

»In meiner Küche muss alles topfrisch sein. Kompromisse sind nicht erlaubt. Darum mache ich auch jeden Tag das Brot frisch. Bequemer wäre es natürlich, ich mache es auf Vorrat, friere es ein und backe es bei Bedarf auf. Ich bestehe aber auf absoluter Frische.«

Kürbiscremesuppe

Verwenden Sie für die Suppe orangen Kürbis.

2 EL Zucker
500 g Speisekürbis (z. B. Hokkaido)
2 EL Champagner-Essig
125 ml trockener Weißwein
750 ml Geflügelfond
(Rezept Seite 77)
300 ml Obers (süße Sahne)
Salz, frisch gemahlener Pfeffer
60 g kalte Butter
4 EL Kürbiskernöl
2 EL Kürbiskerne

In einem Topf den Zucker leicht karamellisieren, anschließend den würfelig geschnittenen Kürbis dazugeben. Mit Champagneressig und Weißwein ablöschen, etwas einkochen lassen. Mit Geflügelfond auffüllen und den Kürbis weich kochen.

Den gekochten Kürbis mit Obers im Mixer pürieren und durch ein Sieb passieren, mit Salz und Pfeffer abschmecken Die Suppe abermals aufkochen und bei milder Hitze die kalten Butterwürfel am besten mit dem Stabmixer einrühren. Die Suppe in tiefe Teller gießen, unmittelbar vor dem Servieren mit Kürbiskernöl beträufeln und mit Kürbiskernen garnieren.

Hühnersuppe
mit Galgant

Meine Lieblingssuppe für den Winter.
Sie wärmt Körper und Geist.

400 ml Geflügelfond (Rezept Seite 77)
400 ml Kokosnussmilch, ungesüßt
40 g Galgant,
1 Stange Zitronengras, fein geschnitten
2 EL Zitronensaft
200 g Hühnerbrust
80 g Pilze (z. B. Shiitake, Austernpilze oder Champignons), gewürfelt
1 kleine rote Chilischote, fein gehackt
4 EL Fischsauce
(im Asia-Shop erhältlich)
1 Prise frisch gemahlener Koriander

Geflügelfond und Kokosmilch in eine Saucenpfanne geben und bei mittlerer Hitze zum Kochen bringen. Fein geschnittenen Galgant, Zitronengras und den Zitronensaft dazugeben und 2 Minuten unter ständigem Umrühren kochen. Hühnerbrust in dünne Scheiben schneiden und in die Suppe geben. Pilze und Chili hinzufügen und 1 Minute lang simmern lassen. Danach die Fischsauce zugeben. Nochmals zum Kochen bringen und den Koriander einrühren.

Bärlauchcremesuppe

3 Schalotten, fein gehackt
4 EL Butter
120 ml trockener Weißwein
100 ml Noilly Prat
600 ml Geflügelfond
(Rezept Seite 77)
300 ml Obers (süße Sahne)
1 EL Zitronensaft
Salz, frisch gemahlener weißer Pfeffer
4 EL Bärlauch-Sauerrahm-Paste
(siehe Rezept unten)

Bärlauch-Sauerrahm-Paste

50 g Petersilie
100 g Bärlauch
250 g Sauerrahm

Die Schalotten in Butter farblos anschwitzen. Anschließend mit Weißwein und Noilly Prat ablöschen. Auf die Hälfte einkochen lassen, mit dem Geflügelfond aufgießen und erneut etwas reduzierend einkochen. Obers einrühren und in etwa 15 Minuten abermals bis zur gewünschten Konsistenz leicht köcheln lassen.

Bärlauch-Sauerrahm-Paste Petersilie und Bärlauch unter fließendem, kaltem Wasser abwaschen und gut trocken tupfen. Dicke Stiele entfernen. Mit dem Sauerrahm in der Küchenmaschine zu einer cremigen Masse mixen und kalt stellen. Die Suppe durch ein feines Sieb passieren, mit Zitronensaft, Salz und Pfeffer abschmecken. Nach Belieben jetzt die Bärlauch-Sauerrahm-Paste darunter mischen und mit dem Pürierstab mixen. Die Bärlauch-Sauerrahm-Paste hält ca. 3 Tage gekühlt. Sie können aus der Bärlauch-Sauerrahm-Paste wunderbar ein Bärlauchrisotto oder Bärlauchpasta machen.

Die Bärlauchsuppe bekommt einen besonders feinen und leicht scharfen Geschmack, wenn man sie mit einer Prise Muskatnuss und/oder Kardamom abschmeckt.

Rahmsuppe vom gelben Paprika
mit Ingwer und Zitronengras

(Für 4–6 Portionen)
8 Stangen Zitronengras
(äußere Schale entfernen)
3 Schalotten, fein geschnitten
ein Stück frische Ingwerwurzel,
ca. 5 cm, fein geschnitten
1 kleine Chilischote (ohne Samen)
4 gelbe Paprikaschoten,
fein geschnitten
100 g Butter
$\frac{1}{8}$ l trockener Weißwein
$\frac{1}{16}$ l Noilly Prat
1 l Rindssuppe oder Geflügelfond
(Rezepte Seite 71/77)
ca. 500 ml Obers (süße Sahne)
etwas Stärkemehl (nach Belieben)

Zitronengras fein schneiden. Schalotten in Butter glasig anschwitzen, Zitronengras, Ingwer, Chili und Paprika zugeben. Mit Weißwein und Noilly Prat aufgießen, etwas einreduzieren lassen. Die Rindssuppe zugeben und abermals etwas einkochen lassen.

Die Suppe mit dem Stabmixer pürieren, mit Butterwürfeln montieren und anschließend durch ein feines Sieb passieren. Obers mit dem Schneebesen unterrühren. Je nach Konsistenz kann man die Suppe auch mit etwas Stärkemehl binden.

Herrlich schmeckt die Suppe auch aus roten Paprikaschoten.
Mit grünem Paprika funktioniert das Rezept allerdings nicht, weil sie dann leider eine unansehnliche Graufärbung erhält.

Klare Fischsuppe
mit Chili und Ingwer

3 Stangen Zitronengras

⅛ Chilischote, fein geschnitten
und entkernt

1 EL frische Ingwerwurzel,
fein geschnitten

500 ml Fischfond

500 ml Geflügelfond
(Rezept Seite 77)

5 weiße Pfefferkörner

10 Korianderkörner

3 EL Fischsauce
aus dem Asia-Geschäft

2 EL Sojasauce

Saft von ½ Zitrone

Salz, frisch gemahlener Pfeffer

Einlage

je 50 g Karotten, weiße Rüben,
Shiitake-Pilze, Mungobohnen,
Sojasprossen, grüner Spargel

ca. 300 g gemischte Fischfilets
(z. B. Steinbutt, Zander) oder Meeres-
früchte (z. B. Garnelen)

gekochte Glasnudeln

1 EL Petersilie, fein geschnitten

3 Zweige frischer Koriander,
fein gehackt

Vom Zitronengras die äußerste Schicht entfernen. Den unteren weichen Teil der Halme etwas andrücken und ihn dann in feine Ringe schneiden. Zitronengras, Chili und Ingwer in Olivenöl sautieren und mit Fisch- und Geflügelfond aufgießen. Pfeffer- und Korianderkörner zugeben und etwa 20 Minuten köcheln lassen. Mit Fisch- und Sojasauce abschmecken, mit Zitronensaft, Salz und Pfeffer würzen. Durch ein Sieb passieren.

Einlage Karotten und Rüben in Streifen schneiden, die Pilze je nach Größe kleiner schneiden. Karotten, Rüben und Sprossen blanchieren, danach beiseite stellen.

Die Fischfilets portionieren und nur kurz in der heißen Suppe ziehen lassen, damit sie saftig bleiben.

Die Suppe in tiefen Tellern mit den Fischfilets, Glasnudeln, blanchiertem Gemüse und Koriander anrichten.

Mein Suppenfavorit im Winter. Ingwer und Chili wärmen den Körper und haben zugleich vorbeugende Wirkung gegen Schnupfen und andere Infekte.

Parmesansüppchen

2 Schalotten, fein geschnitten

1 Knoblauchzehe, fein geschnitten

1 ½ EL Risottoreis (z. B. Arborio)

50 g Butter

½ l Rindssuppe (Rezept Seite 71)

$\frac{1}{16}$ l trockener Weißwein

$\frac{1}{16}$ l Noilly Prat

250 ml Obers (süße Sahne)

50 – 70 g frisch geriebener Parmesan

Salz, frisch gemahlener Pfeffer

etwas Trüffelöl zum Beträufeln

Schalotten, Knoblauch und Risottoreis in Butter glasig sautieren. Mit Rindssuppe, Weißwein und Noilly Prat aufgießen, auf die Hälfte einreduzieren lassen. Obers dazugeben, nochmals einreduzieren. Den geriebenen Parmesan beimengen, mit Salz und Pfeffer würzen.

Die Suppe gut durchrühren und durch ein Sieb passieren. Vor dem Servieren mit etwas Trüffelöl beträufeln.

Als Einlage für diese Suppe passen Muscheln, Krebse oder Scampi besonders gut.
Die Suppe nach Zugabe des Parmesans nicht mehr aufkochen lassen!

Bauernbrot

(Für 2 Brotlaibe)

Für den Vorteig

25 g Germ (Hefe)

10 g Puderzucker

100 g Weizenmehl

etwa 150 ml Wasser, lauwarm

400 g Weizenmehl

250 g Roggenmehl

300–400 ml Wasser, lauwarm

15 g Honig

20 g Salz

1 EL Brotgewürz

Fett für das Backblech

Zuerst den Vorteig, das so genannte »Dampfl«, herstellen: Dafür Hefe, Puderzucker und 100 g Weizenmehl mit einem Drittel des lauwarmen Wassers zu einem dickflüssigen Teig verrühren. Zugedeckt an einem warmen Ort aufgehen lassen.

Anschließend alle übrigen Zutaten in den Teig einkneten. Diesen leicht mit Mehl bestäuben und abermals gehen lassen.

Den Teig in zwei Teile teilen, daraus Laibe formen und auf ein gefettetes, leicht bemehltes Blech legen. Abgedeckt noch einmal 20 Minuten gehen lassen.

Die Brote leicht mit Mehl bestäuben und im vorgeheizten Backrohr bei 220 °C auf mittlerer Schiene etwa 1 Stunde backen. Nach etwa der Hälfte der Backzeit die Temperatur ein wenig reduzieren.

Damit das Bauernbrot eine schöne Kruste bekommt und beim Backen nicht austrocknet, ein Schale Wasser in den Ofen stellen.

Im Restaurant backe ich das Brot täglich frisch.
Für die Küche daheim kann man das fertig gebackene Brot wunderbar einfrieren. Achten Sie jedoch darauf, dass der Gefriervorgang möglichst schnell geschieht. So bleibt das Brot knusprig.

Kartoffelbrot (Petrusbrot)

(Für 2 Stangen)

1 kg mehlige Kartoffeln

200 ml Wasser

40 g Germ (Hefe)

500 g Roggenmehl

500 g Weizenmehl

300 g Sauerteig (vom Bäcker oder
aus dem Reformhaus)

40 g Salz

1 Hand voll gehackte Walnüsse

4 EL glattes Mehl

2 EL Butter für die Form

Die Kartoffeln in der Schale etwa 30 Minuten weich kochen. Anschließend schälen und noch heiß durch die Kartoffelpresse drücken, danach abkühlen lassen. In einer Schüssel Wasser und Hefe verrühren. Beide Mehlsorten, Sauerteig, Kartoffeln und Salz dazugeben und alles zu einem kompakten Teig verkneten. Schüssel mit einem Tuch abdecken, den Teig bei Zimmertemperatur 30 Minuten gehen lassen.

Eine Hand voll gehackte Nüsse unterkneten, danach den Teig zu Stangen formen. Brotstangen in Mehl wälzen und in eine gebutterte Form legen. Die Brotstangen einige Male einschneiden und im Backofen bei 50 °C etwa 30 Minuten gehen lassen. Danach das Brot herausnehmen und den Ofen auf 210 °C aufheizen.

Die Stangen etwa 10 Minuten backen, danach die Temperatur auf 170 °C zurückschalten und in etwa 30 Minuten fertig backen.

Das Brot gelingt besonders gut, wenn man in den ersten 5 Backminuten ein Schälchen mit Wasser in den Backofen stellt.

Das uralte Rezept für das Kartoffelbrot stammt von meinem Freund Pater Petrus von der Pfarrei Mülln in Salzburg.

Brioche

(Für 2 Kastenformen)

Vorteig

100 g Weizenmehl

40 g Germ (Hefe)

50 ml Milch, lauwarm

400 g Weizenmehl

3 Eigelb

2 ganze Eier

16 g Salz

20 g Zucker

150 ml Milch

120 g Butter, zimmerwarm

etwas Mehl und Butter

für Arbeitsfläche und Form

1 verquirltes Ei zum Bestreichen

»Dampfl« 100 g Mehl mit Hefe und etwa 50 ml lauwarmer Milch glatt rühren. Mit einem Tuch zugedeckt an einem warmen Ort gehen lassen, bis die Oberfläche Risse zeigt.

Das restliche Mehl in eine Schüssel sieben, in die Mitte eine Mulde drücken und den Vorteig hineingeben. Eigelb, Eier, Salz, Zucker, Butter und die übrige lauwarme Milch hinzufügen und zu einem glatten Teig verarbeiten. Zugedeckt bei 40–50 °C gehen lassen. Der Teig sollte dabei zu doppelter Größe aufgehen.

Danach den Teig auf einer bemehlten Arbeitsfläche in zwei Teile teilen und in ausgebutterte Kastenformen (etwa 35 cm Länge) füllen. Den Brioche-Teig mit verquirltem Ei bestreichen und erneut gehen lassen.

Danach im Backofen bei 170 °C 12 Minuten backen. Fertige Brioche etwa 5 Minuten in der Form ausdampfen lassen. Danach aus der Form stürzen und erkalten lassen.

Am wichtigsten ist das so genannte Gehen des Vorteiges, den man in Österreich »Dampfl« nennt. Den Teig stets an einem mäßig warmen Ort gehen lassen, wobei er auf etwa das doppelte Volumen anschwillt.

Olivenbaguette

(Für 1 Baguette)
25 g Germ (Hefe)
350 ml Wasser, lauwarm
800 g glattes Weizenmehl
10 g Salz
60 ml Olivenöl
200 g entkernte grüne Oliven,
klein geschnitten

Hefe in lauwarmem Wasser auflösen. Zusammen mit Mehl, Salz und Olivenöl zu einem glatten Teig verkneten. Zugedeckt etwa 20 Minuten gehen lassen.

Anschließend den Teig halbieren, ausrollen und mit Oliven bestreuen. Teig zu einem länglichen Baguette formen. Bei 50 °C etwa 30 Minuten lang gehen lassen. Danach im vorgeheizten Backofen bei 200 °C in 15 bis 20 Minuten goldbraun backen.

Sesam-Mohn-Brot

(Für ca. 4–6 Stangen)
40 g Germ (Hefe)
500 ml Wasser
1 kg glattes Weizenmehl
1 1/2 TL Salz
15 g Malz
jeweils 1 EL Mohn und Sesam
zum Bestreuen

Hefe und Wasser verrühren. Mehl, Salz und Malz dazugeben und alles gut verkneten. Zugedeckt 30 Minuten gehen lassen.

Anschließend den Teig ausrollen, zu Stangen formen und mit Wasser bestreichen. Mohn und Sesam auf die Stangen streuen und den Teig in regelmäßigen Abständen einschneiden. Nochmals 15 Minuten gehen lassen.

Den Backofen auf 200 °C vorheizen und die Brote goldbraun backen.

Weißbrot

(Für ca. 4–6 Stangen)
40 g Germ (Hefe)
1/2 l Wasser, lauwarm
1 kg glattes Weizenmehl
1 1/2 TL Salz
15 g Malz

Hefe in lauwarmem Wasser verrühren. Mehl, Salz und Malz dazugeben und alles miteinander gut verkneten. Den Teig zugedeckt 30 Minuten gehen lassen.

Anschließend den Teig ausrollen, zu Stangen formen und mit Wasser bestreichen. Den Teig etwas einschneiden und ca. 15 Minuten gehen lassen. Den Backofen auf 200 °C vorheizen und das Brot darin goldbraun backen.

Rindssuppe

2 Zwiebeln

1 kg bestes Rindfleisch zum Kochen
(z. B. Beinfleisch, Rinderbrust oder
Schulterstück; bzw. in Österreich:
Schulterscherzel, Beinfleisch, Hü-
ferscherzel oder mageres Meisel)
300 g Fleischknochen
(nach Belieben auch Markknochen)
etwas Wurzelgemüse,
grob geschnitten (Karotten, Stangensellerie, Knollensellerie, Lauch,
Petersilienwurzel)
5 Petersilienstängel
10 Pfefferkörner
1 Lorbeerblatt
etwas Salz
3 l Wasser

Die Zwiebeln halbieren und an den Schnittflächen in einer Pfanne anbräunen. Das Fleisch mit dem Wurzelgemüse, Kräutern und Gewürzen in einem großen Topf im kalten Wasser aufstellen und zum Kochen bringen. Ohne
Deckel so lange köcheln lassen, bis das Fleisch kernig
weich ist. (Das dauert etwa 2 bis 3 Stunden.)

Die Brühe durch ein Sieb passieren. Nach Wunsch entfetten: Dafür entweder das Fett abschöpfen oder den Fond
erkalten lassen und danach ganz einfach die erhärtete
Fettschicht abheben.

Sollte die Suppe trüb werden, kann man sie klären, indem
man sie abkühlen lässt und Eiswürfel dazugibt. Danach lässt man sie
auf kleiner Flamme ganz langsam warm werden.

Kalbssauce

Achten Sie bei der Zubereitung des folgenden
Rezepts darauf, dass der Fleischanteil nicht zu gering ist.
Nur so erzielt man den vollen Geschmack!

(Für ca. 2 Liter)
2 kg Kalbfleischknochen und
Fleischabschnitte (Parüren)
$\frac{1}{2}$ Knollensellerie,
in kleinen Würfeln
$\frac{1}{2}$ Stange Staudensellerie,
in kleinen Würfeln
4 Karotten, in kleinen Würfeln
$\frac{1}{2}$ Lauchstange, fein geschnitten
ca. 10 EL Öl
2 EL Tomatenmark
mehrere Pfefferkörner
2 Zweige Rosmarin
2 Zweige Thymian
kaltes Wasser zum Aufgießen
(ersatzweise Rindssuppe,
Rezept Seite 71, oder
Geflügelfond, Seite 77)
2 kleine mehlig kochende Kartoffeln,
geschält und roh gerieben
4 weiße Zwiebeln, klein geschnitten
etwas Butter zum Anschwitzen
$\frac{1}{2}$ l Portwein
$\frac{1}{4}$ l trockener Rotwein

Die Knochen klein hacken und das Fleisch klein schneiden. Fleischabschnitte in einer Pfanne in heißem Öl kräftig anbraten. Knochen und Fleisch in einen Topf umfüllen. Das Fett aus der Pfanne abgießen.

In der Pfanne etwas frisches Öl erhitzen und das Gemüse (Sellerie, Karotten, Lauch) darin anbraten. Tomatenmark zugeben und kurz mitgaren lassen. Gemüsewürfel und Gewürze (Pfeffer, Rosmarin, Thymian) in den Topf mit den Knochen umfüllen und mit kaltem Wasser (oder – wenn vorhanden – mit Brühe oder Fond) auffüllen.

Die roh geriebenen Kartoffeln zugeben und etwa 2$\frac{1}{2}$ Stunden köcheln lassen. Dabei mehrmals den sich an der Oberfläche absetzenden Schaum abschöpfen. Anschließend die Sauce durch ein feines Sieb gießen und entfetten.

Die Zwiebeln in etwas Butter anschwitzen. Mit Port- und Rotwein ablöschen, einkochen und mit der entfetteten Sauce aufgießen. Erneut auf die gewünschte Konsistenz reduzieren und durch ein feines Sieb passieren.

Fertig gekochten Fond und Suppe immer auf einem Gitter oder zwei
aufgelegten Kochlöffeln auskühlen lassen. So kann die Hitze besser entweichen
und der Fond droht – besonders im Sommer – nicht sauer zu werden.

Lammsauce

(Für ca. 2 Liter)

2,5 kg Lammknochen und Fleischabschnitte (Parüren)

insgesamt ca. 10 EL Öl zum Anbraten

½ Knollensellerie, in kleinen Würfeln

½ Stangensellerie, in kleinen Würfeln

4 Karotten, in kleinen Würfeln

½ Lauchstange, fein geschnitten

2 EL Tomatenmark

10 Pfefferkörner

1 Zweig Rosmarin

1 Zweig Thymian

kaltes Wasser zum Aufgießen

2 kleine mehlige Kartoffeln, geschält
und roh gerieben

3–4 Knoblauchzehen

3 weiße Zwiebeln, klein geschnitten

etwas Butter zum Anschwitzen

½ l Portwein

¼ l trockener Rotwein

Lammknochen und -fleisch klein hacken bzw. schneiden. Beides in einer Pfanne in heißem Öl kräftig anbraten. Anschließend in einen großen Topf umfüllen und das Fett aus der Pfanne abgießen.

In der Pfanne frisches Öl erhitzen, das klein geschnittene Gemüse (Sellerie, Karotten, Lauch) anbraten. Tomatenmark zugeben und kurz mitgaren lassen.

Gemüse mit den Gewürzen (Pfeffer, Rosmarin, Thymian) in den Topf mit den Lammknochen umfüllen und mit kaltem Wasser aufgießen. Die roh geriebenen Kartoffeln zugeben und etwa 2½ Stunden köcheln lassen. Dabei mehrmals den sich an der Oberfläche absetzenden Schaum abschöpfen. Anschließend die Sauce durch ein feines Sieb passieren und entfetten.

Die Zwiebeln in etwas Butter anschwitzen. Mit Port- und Rotwein ablöschen, einkochen und mit der entfetteten Sauce aufgießen. Erneut auf die gewünscht Konsistenz reduzieren und durch ein feines Sieb passieren.

Noch kräftiger und aromatischer wird der Fond, wenn man zum Aufgießen statt Wasser Rindssuppe oder Geflügelfond verwendet.

Fischfond

(Für ca. 1 Liter)

750 g Fischgräten und Fisch-
abschnitte (z. B. Seezunge,
Steinbutt, Zander)

$\frac{1}{2}$ Lauchstange (nur das helle Stück)

1 Tomate

5 Champignons

$\frac{1}{4}$ Knollensellerie

100 g Staudensellerie

6 weiße Pfefferkörner

$\frac{1}{2}$ TL Korianderkörner

1 Lorbeerblatt

1 Zweig Thymian

1 Zweig Rosmarin

2 Eiweiß, zu nicht allzu festem
Schnee geschlagen

$\frac{1}{4}$ l trockener Weißwein

Fischgräten und -abschnitte zerkleinern und unter fließendem, kaltem Wasser so lange wässern, bis das Wasser ganz
klar abrinnt.

Das Gemüse (Lauch, Tomate, Champignons, Sellerie)
waschen, putzen und kleinwürfelig schneiden. Gemeinsam mit Fisch, Kräutern, Gewürzen und dem leicht ange-
schlagenen Eiweiß in einem Topf mit kaltem Wasser und
Wein bedeckt auf den Herd stellen. Bei milder Hitze etwa
20 Minuten ohne Deckel köcheln lassen.

Anschließend den Fond durch ein feines Sieb oder Tuch
passieren.

Kochen Sie bei diesem Rezept keine Köpfe mit,
denn diese machen den Fond trüb.

Geflügelfond

(Für ca. 1 Liter)
5 Champignons
2 Karotten
½ Stange Staudensellerie
½ Knollensellerie
½ Lauchstange
1 ganzes Suppenhuhn,
grob zerteilt
1 Lorbeerblatt
einige Petersilienstängel
10 weiße Pfefferkörner
Salz

Das Gemüse putzen und zerkleinern. Die Geflügelabschnitte ebenfalls klein schneiden und mit den übrigen Zutaten in kaltem Wasser bedeckt auf den Herd stellen. Bei milder Hitze etwa 1 ½ Stunden köcheln lassen, danach durch ein feines Sieb abgießen.

Nach Wunsch entfetten (siehe Rezept Seite 71).

Ich kläre Fonds nicht, sondern blanchiere z. B. bei einem Hühnerfond vor dem Ansetzen des Fonds kurz die Knochen und Fleischteile. Dann zustellen und ganz langsam aufkochen. Der Grund: das so im Fond erhaltene Eiweiß ist ein wichtiger Geschmacksträger. Wichtig auch: Niemals mit großer Hitze kochen, sondern immer nur ganz langsam simmern lassen.

Jakobsmuscheln
im hauchdünnen Gewürzspeck mit Parmesansauce und Rucola

8 Jakobsmuscheln

Salz

frisch gemahlener Cayennepfeffer

8 Scheiben Gewürzspeck,
hauchdünn geschnitten

2 EL Öl oder Butter zum Braten

Als Beilage

200 g Rucola

10 EL Salatdressing
(Rezept Seite 31)

Parmesansauce

100 g frisch geriebener Parmesan

50 ml Obers (süße Sahne)

2 EL Sauerrahm

Salz, frisch gemahlener Pfeffer

1–2 EL Zitronensaft

Zum Anrichten

8 kleine Kirschtomaten

70 g Parmesan,
in feine Späne gehobelt

Das Fleisch der Jakobsmuscheln auslösen und vorsichtig reinigen. Danach mit Salz und Cayennepfeffer würzen und mit hauchdünnem Gewürzspeck umwickeln. Zum Fixieren auf Holzstäbchen stecken. In einer Pfanne Öl oder Butter erhitzen und die Jakobsmuscheln darin beidseitig knusprig braten.

Den geputzten Rucola mit dem Salatdressing marinieren.

Parmesansauce Parmesan und Obers in der Küchenmaschine zu einer homogenen Masse mixen. Durch ein Sieb streichen, den Sauerrahm einrühren und mit Salz, Pfeffer und Zitronensaft abschmecken.

Zum Anrichten In einen tiefen Teller zuerst die Parmesansauce gießen, die geviertelten Tomaten darauflegen und den marinierten Rucola darüber arrangieren. Mit den Jakobsmuschelspießen anrichten und zuletzt die fein geraspelten Parmesanspäne darüber streuen.

Dazu passt herrlich unser frisch gebackenes Weißbrot (siehe Rezept Seite 68)

Eine meiner liebsten Vorspeisen. Die Jakobsmuscheln erhalten durch den Speck ein besonders interessantes Aroma.

Jakobsmuscheln
mit Kapern-Rosinen-Sauce

Kapern-Rosinen-Sauce

100 g Rosinen von weißen Trauben

100 g Kapern

200 ml Wasser

75 g Butter

etwas frisch geriebene Muskatnuss

½ EL Sherryessig

Salz, Pfeffer

Jakobsmuscheln

4 oder 8 Jakobsmuscheln

Salz

frisch gemahlener Cayennepfeffer

1 EL Öl

1 EL Butter

1 kleiner Karfiol (Blumenkohl),

in dünne Scheiben geschnitten

50 g Butter

1 EL Petersilie, fein geschnitten

Kapern-Rosinen-Sauce Rosinen und Kapern mit Wasser aufkochen und 10 Minuten simmern lassen. Anschließend Butter zugeben und mit geriebener Muskatnuss, Essig, Salz und Pfeffer im Mixer pürieren. Durch ein Sieb zu einer glatten Sauce passieren.

Jakobsmuscheln Die Muscheln mit einem nicht zu scharfen Messer öffnen und das Muschelfleisch vorsichtig herauslösen. Das Fleisch mit kaltem Wasser säubern und abtrocknen. Mit Salz und Cayennepfeffer würzen, und in einer Öl-Butter-Mischung etwa 3 Minuten beidseitig goldbraun braten. Die Karfiolscheiben in Butter ebenfalls goldbraun und bissfest braten, mit Salz und Pfeffer würzen.

Die Sauce auf den Tellern verteilen und die Jakobsmuscheln darauf legen. Mit Karfiol und Petersilie anrichten.

Wenn irgend möglich, kaufen Sie Jakobsmuscheln in der Schale. Diese schmecken unvergleichlich besser.

Langustino-Trüffel-Nage

Trüffel-Nage

150 g Crème fraîche

50 g Sauerrahm

Salz, frisch gemahlener Pfeffer

Saft von 1 Zitrone

etwas fein geriebene Trüffel

(oder einige EL Trüffelöl)

Krustentiere

Salz

1 EL Öl

4 Langustinos (Kaisergranaten

bzw. Scampi)

frisch gemahlener Pfeffer

Saft von ½ Zitrone

1 EL Butter zum Braten

Trüffel-Nage Crème fraîche und Sauerrahm mit Salz, Pfeffer und Zitronensaft glatt rühren. Mit frisch gehobelter Trüffel oder Trüffelöl abschmecken. Trüffel-Nage im Kühlschrank gut durchkühlen lassen.

Krustentiere In einem großen Topf reichlich Wasser mit Salz und Öl einige Minuten sprudelnd kochen lassen. Die ganzen Langustinos hineinlegen und sofort unter die Wasseroberfläche drücken. In 1 bis 2 Minuten halb gar kochen, danach herausheben und in Eiswasser abschrecken. Die Schwänze der abgekühlten Langustinos vorsichtig aus den Schalen brechen, dabei auch die verbliebenen Darmreste entfernen.

Die Langustinos mit Salz, Pfeffer und Zitronensaft würzen. In einer Pfanne Butter erhitzen, Langustinos darin kurz durchschwenken. In einigen Minuten im 80 °C warmen Backofen fertig garen.

Die kalte Trüffel-Nage auf Tellern anrichten, die lauwarmen Langustinos darauf platzieren.

»À la nage« bedeutet im Französischen »schwimmend«. In diesem Fall schwimmen die edlen Krustentiere stilgerecht in einer Trüffelsauce, die dazu noch kalt serviert wird und so einen wunderbaren Kontrast zu den lauwarmen Langustinos ergibt.

Saiblingsbällchen
auf mariniertem Marchfelder Spargel

Marinierter Spargel

400 g weißer Spargel

grobes Meersalz

3 EL Walnussöl

(ersatzweise Maiskeimöl)

50 ml Weißweinessig

Salz, frisch gemahlener weißer Pfeffer

2 EL frischer Kerbel, fein geschnitten

Fischfarce

200 g Saiblingsfilets (ohne Haut
und Gräten)

200 ml Obers (süße Sahne)

Salz, Pfeffer

1 TL Zitronensaft

Saiblingsbällchen

je 1 EL Karotten, Staudensellerie,
Zucchini, klein gewürfelt

Öl zum Anbraten und Ausbacken

zum Anbraten und Ausbacken

200 g Saiblingsfilets

ohne Haut und Gräten

3 EL Fischfarce (Rezept siehe oben)

etwas Basilikum und Estragon

Salz, frisch gemahlener Pfeffer

Reisflocken zum Wälzen der
Fischbällchen

Saft von ½ Zitrone

½ gelbe Paprikaschote, geschält

Salz, Pfeffer

Marinierter Spargel Die Spargelstangen schälen und in heißem Salzwasser (10 g Salz/l) bissfest kochen. Spargel kurz in Eiswasser abschrecken. Aus Walnussöl, Weißweinessig, Kerbel, Salz und weißem Pfeffer eine Marinade rühren. Den Spargel damit übergießen.

Fischfarce Fischfilet in Würfel schneiden und für ca. 30 Minuten in den Tiefkühler stellen. In der Küchenmaschine zu einer feinen Masse pürieren. Erst wenn die Masse einigermaßen homogen erscheint, nach und nach das gekühlte Obers zugeben, damit eine sehr cremige Masse entsteht. Durch ein feines Sieb streichen und abschmecken.

Saiblingsbällchen Gemüsewürfel (Reihenfolge: Karotten, Sellerie, Zucchini) in heißem Öl kurz sautieren. Paprika feinwürfelig schneiden. Die Saiblingsfilets in Würfel schneiden und mit dem sautierten Gemüse, Paprika, der Fischfarce, Basilikum, Estragon und Zitronensaft gut verrühren. Mit Salz und Pfeffer abschmecken. Im Kühlschrank kalt stellen.

Aus der gut gekühlten Fischmasse kleine Bällchen formen und diese in Reisflocken wälzen. In einer tiefen Pfanne reichlich Öl erhitzen, darin die Saiblingsbällchen bei 180 °C goldgelb ausbacken.

Die ausgebackenen Fischbällchen auf dem marinierten Spargel anrichten.

Den Spargel nur sehr kurz im Eiswasser lassen, da er sonst an Geschmack verliert.

Krabbenravioli
mit Limetten-Ingwer-Nage

Krabbenfülle

250 g Krabbenfleisch

je 30 g feinwürfelig geschnittenes
Gemüse (Karotten, Sellerie, Staudensellerie, Lauch)

100 g Fischfarce (Rezept Seite 85)

½ Chilischote, fein geschnitten

2 EL Fischsauce, 1 EL Sojasauce

Saft von 1 Zitrone

2 EL fein gehackte Kräuter
(z. B. Petersilie, Kerbel, Basilikum)

Salz, frisch gemahlener Pfeffer

Ravioli-Teig

4 Eigelb, 1 Ei

etwas Salz

1 EL Öl, 1 EL Wasser

250 g doppelgriffiges Mehl

1 Eiweiß zum Bestreichen

Limetten-Ingwer-Nage

1 Schalotte

1 EL Butter

¹⁄₁₆ l trockener Weißwein

¹⁄₁₆ l Noilly Prat (Wermut)

3 Stangen Zitronengras, in Scheiben

1 EL fein geschnittener Ingwer

Saft von 1 Limette

Salz, frisch gemahlener Pfeffer

¼ l Geflügelfond oder Rindssuppe
(Rezepte Seite 77/71)

¼ l Obers (süße Sahne)

1 kleine Hand voll
eiskalte Butterwürfel

Krabbenfülle Krabbenfleisch mit den Gemüsewürfeln, der Fischfarce, Chili, den Saucen, Zitronensaft sowie sämtlichen Kräutern vermengen und mit Salz und Pfeffer würzig abschmecken.

Ravioli-Teig Sämtliche Zutaten zu einem kompakten Teig verkneten und bis zur weiteren Verarbeitung im Kühlschrank aufbewahren.

Den Teig etwa 4 bis 5 mm dick ausrollen und runde Formen ausstechen. Etwas von der Krabbenfülle mit einem Löffel in die Mitte jedes Teigkreises setzen, den Rand mit Eiweiß bestreichen, über die Mitte zusammenschlagen und mit den Fingern sorgfältig zusammendrücken. Die Ravioli in kochendem Salzwasser etwa 5 Minuten kochen lassen.

Limetten-Ingwer-Nage Die Schalotte fein hacken und in etwas Butter kurz anschwitzen, mit Wein und Noilly Prat aufgießen. Zitronengras, Ingwer und Limettensaft, Salz und Pfeffer hinzufügen und reduzierend einkochen lassen. Geflügelfond und Obers zugeben, abermals auf gewünschte Konsistenz einreduzieren. Danach durch ein feines Sieb passieren, abschmecken und die Nage durch das Einrühren von eiskalten Butterwürfeln montieren.

Ein Gericht, das mit seinen mediterranen und asiatischen Komponenten ziemlich typisch ist für meine ganz persönliche Küche.

Brennnessel-Ravioli
mit Parmesan und Petersilie

Ravioli-Teig
4 Eigelb

1 ganzes Ei

etwas Salz

1 EL Öl

1 EL Wasser

250 g doppelgriffiges Mehl

1 Eiweiß zum Bestreichen

Fülle
50 g Butter

1 Schalotte, fein geschnitten

300 g Brennnesselblätter

1 Knoblauchzehe, klein gehackt

100 g Topfen (Quark), 20 % Fett i. Tr.

100 g geriebener Parmesan

Salz, Pfeffer

etwas frisch geriebene Muskatnuss

(und/oder Kardamom)

Zum Bestreichen/Bestreuen
120 g Butter

2 EL frisch geriebener Parmesan

2 EL gehackte Petersilie

Ravioli-Teig Sämtliche Zutaten zu einer kompakten wie geschmeidigen Masse verkneten. Den Teig in Klarsichtfolie packen und bis zur weiteren Verwendung im Kühlschrank ruhen lassen.

Fülle Butter in einer Pfanne aufschäumen, Schalotten, gereinigte Brennnesselblätter und Knoblauch dazugeben und in wenigen Minuten weich dünsten. Danach in ein Sieb gehen, abkühlen und abtropfen lassen. Die Brennnesselmasse mit Topfen und Parmesan vermischen, mit Salz, Pfeffer, geriebener Muskatnuss und/oder Kardamom abschmecken.

Den Ravioli-Teig bis zur gewünschten Stärke ausrollen und Kreise ausstechen. Kleine Portionen der Fülle mit einem Teelöffel jeweils in die Mitte der ausgestochenen Formen setzen, den Rand mit Eiweiß bestreichen, über die Mitte schlagen und den Rand mit den Fingern gut zusammendrücken. Die Ravioli in kochendem Salzwasser ca. 5 Minuten garen.

In einem kleinen Topf Butter erhitzen, bis sie hellbraun ist. Die Butter über die auf Tellern angerichteten Ravioli träufeln, frisch geriebenen Parmesan und gehackte Petersilie darüberstreuen. Dazu passt Salat.

Gemeinhin wird die Brennnessel fälschlich als unnützes Unkraut angesehen. Ich schätze ihre jungen Blattspitzen nicht zuletzt als vitaminreiche wie aromatische Alternative zu Spinat.

Tagliatelle in Kräuterrahmsauce
mit Forellenkaviar

Tagliatelle
4 Eigelb
1 ganzes Ei
etwas Salz
1 EL Öl
1 EL Wasser
250 g doppelgriffiges Mehl

Kräuterrahmsauce
1 Schalotte
Salz, frisch gemahlener Pfeffer
$\frac{1}{16}$ l trockener Weißwein
$\frac{1}{16}$ l Noilly Prat
$\frac{1}{4}$ l Rindssuppe oder Geflügelfond
(Rezepte Seite 71/77)
250 ml Obers (süße Sahne)
1 kleine Hand voll eiskalte
Butterwürfel
Kräuter nach Belieben (z. B. Petersilie,
Kerbel u. ä.), fein geschnitten
4 EL Forellenkaviar

Tagliatelle Eigelb, ganzes Ei, Salz, Öl und Wasser miteinander verrühren und mit dem Mehl verkneten. Den Teig rasten lassen, danach auf einer bemehlten Arbeitsfläche dünn ausrollen und in feine Streifen für Tagliatelle schneiden. Die Bandnudeln in reichlich Salzwasser kochen, abseihen, danach kurz abschrecken und in Butter schwenken.

Kräuterrahmsauce Die Schalotte fein hacken und kurz in etwas Butter anschwitzen, mit Salz und Pfeffer würzen. Anschließend mit Wein und Noilly Prat aufgießen und reduzierend einkochen. Brühe oder Fond und Obers dazugeben, abermals auf gewünschte Konsistenz reduzieren. Abschmecken, die Sauce durch das Einrühren von kalten Butterwürfeln montieren, zuletzt die Kräuter dazugeben.

Die Nudeln in der Sauce schwenken. Erst unmittelbar vor dem Servieren den Forellenkaviar unterrühren.

Mangoldtascherl mit Navetten
und Salbei-Nuss-Butter

Mangoldfülle

1 Schalotte, fein gehackt

1 Knoblauchzehe, fein gehackt

1 EL Olivenöl

250 g Mangold, blanchiert
und fein geschnitten

120 g Schotten (ersatzweise
Topfen/Quark oder Ricotta)

60 g Parmesan

Pfeffer

Nudelteig

230 g Weizenmehl

1–2 EL Olivenöl

Salz

3 Eigelb, 1 ganzes Ei

200 g Navetten
(ersatzweise Rote Bete)

etwas Geflügelfond zum Erwärmen
(Rezept Seite 77)

Salbei-Nuss-Butter

60 g Butter

1 EL alter Balsamico-Essig

1 Schuss Sherryessig

1 EL Rote Bete-Saft

Salz, frisch gemahlener Pfeffer

pro Person 1 Salbeiblatt,
fein geschnitten

etwas geriebene Muskatnuss

Fülle Schalotten und Knoblauch in Olivenöl glasig anschwitzen, ausgekühlten Mangold, Schotten und Parmesan unterheben, mit Pfeffer abschmecken und in den Kühlschrank stellen.

Nudelteig Mehl mit Olivenöl, Salz und den verquirlten Eiern so lange durchkneten, bis ein glatter Teig entsteht. Etwa 2 Stunden lang ruhen lassen, anschließend dünn ausrollen und Kreise ausstechen. Von der Fülle je eine etwa walnussgroße Portion in der Kreismitte platzieren, den Rand mit Eiweiß bestreichen. Zusammenklappen und zu Tascherln formen, dabei die Teigränder sorgfältig zusammendrücken.

Die Navetten in Salzwasser weich kochen und schälen. Bei Bedarf eventuell etwas kleiner schneiden.

Salbei-Nuss-Butter Die Butter in einer Stielkasserolle nussbraun schmelzen, mit Balsamico- und Sherryessig ablöschen. Rote-Bete-Saft beigeben und mit Salz, Pfeffer, Muskatnuss und Salbeiblättern abschmecken.

Die Mangoldtascherln in reichlich Salzwasser kochen, danach abtropfen lassen. Navetten in etwas Geflügelfond erwärmen, mit den Tascherln anrichten. Mit der Salbei-Nuss-Butter beträufeln.

Der Nudelteig bekommt eine besonders satte dottergelbe Farbe, wenn man
zu Beginn die Eigelbe gesalzen und abgedeckt einige Stunden kalt stellt.

Petri Heil!

Der Restaurantname »Hubertus« ruft bei vielen Gästen Assoziationen mit der Jägerei und Wild-gerichten hervor. Emsig gejagt wird in Wahrheit bei den Maiers aber viel mehr unter Wasser. Die Warme und die Kalte Mandling sind das Revier von Dietmar Maier. Für gut 40 Kilometer Wildbach sowie einige kleinere Stauseen hat er sich die Fischereirechte gesichert – in erster Linie aus seiner Leidenschaft für die Fliegenfischerei. In zweiter Linie aber steckt auch ein gastronomisches Kalkül dahinter: Bachforellen, Bachsaiblinge und Äschen sind hier von unge-ahnter Qualität und landen nach einigen Jahren Aufzucht in Johanna Maiers Pfanne. Das kalte, klare Gebirgswasser macht Saiblinge und Forellen zu einer Delikatesse, wie sie selbst der beste Fischhändler nicht anbieten kann.

Seeteufel-Saltimbocca
mit feurigem Couscous

4 Seeteufelfilets à 150 g

Salz, frisch gemahlener Pfeffer

gemahlener Koriander

20 Salbeiblätter

4 große Scheiben Parmaschinken

5 EL Butter

1 EL Mehl

Couscous

2 EL Butter

100 g Couscous-Grieß

200 ml Geflügelfond oder

Rindssuppe (Rezepte Seite 77/71)

je eine ½ rote und gelbe Paprika-

schote, klein geschnitten

½ Zucchini, fein gewürfelt

2 EL Olivenöl

Salz, frisch gemahlener Pfeffer

1 EL Basilikum,

in Streifen geschnitten

½ oder ganze Chilischote

Die Seeteufelfilets mit Salz, Pfeffer und Koriander würzen. Beide Filetseiten mit je einem Salbeiblatt belegen. Mit Parmaschinken umwickeln und, wenn nötig, mit Zahnstochern befestigen. In einer Pfanne 2 EL Butter erhitzen Seeteufel auf allen Seiten goldbraun anbraten. Danach im auf 150 °C vorgeheizten Backofen auf einem Gitter 6 bis 7 Minuten fertig garen. Die übrige Butter in einer kleinen Pfanne erhitzen. Die restlichen Salbeiblätter in Mehl wälzen und knusprig frittieren, danach auf Küchenpapier abtropfen lassen.

Couscous In einem Topf Butter erhitzen, Couscous-Grieß darin andünsten. Mit Geflügelfond auffüllen und etwa 8 Minuten weich kochen lassen. Paprika- und Zucchiniwürfel in etwas Olivenöl anschwitzen, unter den Couscous mengen. Zuletzt mit Salz, Pfeffer, Basilikum und gehackter Chilischote würzig-feurig abschmecken.

Couscous auf Tellern verteilen. Seeteufel-Saltimbocca aufschneiden und darauf anrichten. Mit den frittierten Salbeiblättern garnieren.

Seeteufel – bei vielen wegen seiner Grätenlosigkeit besonders beliebt – verträgt auch eine kräftige Würzung mit feurig-scharfen Aromen. Beides kommt bei diesem Gericht nicht zu kurz.

Lauwarmes Steinbuttfilet auf Spargel
mit Limetten-Tomaten-Vinaigrette

Spargel

400 g Spargel

Meersalz

2–3 EL Walnussöl

1 EL Weißweinessig

Salz, frisch gemahlener weißer Pfeffer

Fisch

400 g möglichst fangfrisches Stein-
buttfilet (ohne Haut und Gräten)

4 EL Olivenöl

Saft von 1 Limette

Salz, frisch gemahlener

schwarzer Pfeffer

Vinaigrette

150 g getrocknete Tomaten

5 Blätter Basilikum, fein geschnitten

Saft von ¼ Limette

2 EL Salatdressing

(Rezept Seite 31)

Salz, Zucker

Wiesenkräuter (z. B. Beifuß, Bärlauch,
Gänseblümchen, Löwenzahn)

Spargel Die Stangen schälen und in Salzwasser (10 g Meer-
salz/l) bissfest kochen. Spargel in Eiswasser abkühlen. Walnussöl, Weißweinessig, Salz und weißen Pfeffer verrühren
und den Spargel damit marinieren.

Hitzefeste Teller dünn mit Olivenöl bestreichen, jede
Spargelstange in je 3 Streifen schneiden und auf dem Teller
quadratisch anordnen. Den Spargel dünn mit Olivenöl bestreichen, anschließend mit Salz und frisch gemahlenem
schwarzem Pfeffer würzen.

Fisch Die Steinbuttfilets zwischen Klarsichtfolie legen und
mit einem Plattiereisen auf ca. 1 cm Höhe flach klopfen. Mit
Olivenöl und Limettensaft beträufeln, mit Salz und Pfeffer
würzen. Auf vier große Teller die Spargelstangen und darauf die Steinbuttfilets legen. Die Teller für 3 bis 4 Minuten
bei maximaler Oberhitze in den Backofen stellen.

Vinaigrette Getrocknete Tomaten fein schneiden. In einer
Schüssel mit Basilikum, Limettensaft, Salatdressing, Salz,
Zucker und den geputzten Wiesenkräutern vermischen.
Die marinierten Kräuter auf die Teller legen. Sofort servie-
ren: Der Steinbutt muss in jedem Fall noch lauwarm sein!

Lassen Sie für dieses Gericht am besten vom Fischhändler einen größeren
Steinbutt (wenn möglich aus Wildfang) filetieren. Karkassen unbedingt
mitnehmen – sie eignen sich perfekt für Fischfond.

Saiblingsfilet »blau« auf Wurzelgemüse

4 Saiblingsfilets à 150–170 g

2 ½ weiße Zwiebeln

150 g Stangensellerie

150 g Lauch

100 g Karotten

100 g Knollensellerie

1 ½ l Wasser

⅛ trockener Weißwein

Saft von ½ Zitrone

Salz

2 Lorbeerblätter

4 Wacholderbeeren

8 weiße Pfefferkörner

Zwiebeln, Stangensellerie, Lauch, Karotten und Knollensellerie schälen und in feine Streifen schneiden. Gemüse mit Wasser, Wein, Zitronensaft und Gewürzen (Lorbeer, Wacholder, Pfeffer) aufkochen lassen. Die Saiblingsfilets in den Sud legen. Den Topf vom Herd ziehen und die Fische im Fond glasig gar ziehen lassen. (Das dauert je nach Größe der Filets zwischen 5 und 6 Minuten.)

Gemüsestücke und etwas Fond in Suppentellern anrichten, je ein Saiblingsfilet darauf setzen. Dazu passen als weitere Beilage etwa Nussbutter und neue Kartoffeln.

Ein sehr bekömmliches wie auch belebendes Fischgericht.
Spülen Sie den Saibling nur vorsichtig mit Wasser ab, sonst verletzen Sie
die Schleimschicht und der Fisch wird nicht schön blau.

Saiblingsfilet in der Kräuterkruste
auf marinierten Gurken

4 Saiblingsfilets à 150 g
(ohne Haut und Gräten)
250 g Weißbrot
50 g gemischte Kräuter
(z. B. Petersilie, Basilikum, Kerbel)
Salz, frisch gemahlener Pfeffer
Saft von 1 Zitrone
4 EL Weizenmehl
2 Eier, verquirlt
Maiskeimöl zum Backen

Marinierte Gurken
1 Salatgurke
Salz, frisch gemahlener Pfeffer
100 g Sauerrahm
etwas Zitronensaft
einige Zweige Basilikum

Weißbrot entrinden und gemeinsam mit den Kräutern in der Küchenmaschine fein reiben. Fischfilets mit Salz, Pfeffer und Zitronensaft würzen, in Mehl wenden. Durch die Eiermasse ziehen und in den Kräuterbröseln wälzen.

In einer Pfanne Öl erhitzen, die panierten Saiblingsfilets beidseitig goldbraun backen. Danach auf Küchenpapier trocken tupfen.

Marinierte Gurken Die Gurke schälen, entkernen und würfelig schneiden. Gurkenwürfel leicht salzen, kurz stehen lassen und anschließend leicht ausdrücken. Gurkenwürfel mit Sauerrahm, Salz, Pfeffer und Zitronensaft marinieren. Mit frisch geschnittenem Basilikum verfeinern.

Am besten schmeckt natürlich der Saibling aus unserem eigenen Fischwasser. Generell sollten Sie Ihren Fischhändler unbedingt nach Bachsaibling fragen, denn dieser schmeckt am besten.

Filet vom Bachsaibling
mit Spitzkohl und Trüffelsauce

4 Saiblingsfilets à 150–170 g

Salz

etwas Zitronensaft

4 EL Butter, cremig aufgeschlagen

1 Spitzkohl

50 g Butter

200 ml Geflügelfond

(Rezept Seite 77)

frisch gemahlener Pfeffer

Trüffelsauce

1 Schalotte

etwas Butter

Salz, frisch gemahlener Pfeffer

$\frac{1}{16}$ l trockener Weißwein

$\frac{1}{16}$ l Noilly Prat

$\frac{1}{4}$ l Geflügelfond oder Rindssuppe

(Rezepte Seite 77/71)

250 ml Obers (süße Sahne)

1 kleine Hand voll

eiskalte Butterwürfel

einige frische Trüffeln oder Trüffelöl

Die Saiblingsfilets salzen und auf der Hautseite mit Zitronensaft beträufeln. Eine ofenfeste Form mit cremig aufgeschlagener Butter ausstreichen, die Filets auflegen und ebenfalls mit Butter bestreichen. Die Form mit Klarsichtfolie straff abdecken, in den auf 80 °C vorgeheizten Backofen stellen und 10 bis 12 Minuten garen.

Den Strunk des Spitzkohls entfernen. Den Kohl in Rauten schneiden, kurz in Butter und Geflügelfond sautieren, mit Salz und Pfeffer abschmecken.

Trüffelsauce Schalotte schälen und fein hacken, in etwas Butter kurz sautieren. Mit Salz und Pfeffer würzen, mit Wein und Noilly Prat aufgießen und reduzierend einkochen lassen. Geflügelfond bzw. Rindssuppe und Obers zugeben, abermals auf die gewünschte Konsistenz einreduzieren. Die Sauce noch einmal abschmecken, mit Butterwürfeln montieren, zuletzt mit Trüffeln oder Trüffelöl verfeinern.

Die Saiblingsfilets sind gar, wenn sich die Haut leicht abziehen lässt.
Die Menge der Trüffeln hängt vom persönlichen Geschmack und Budget ab.
Stattdessen kann man auch ein gutes Trüffelöl verwenden.

Zander mit Sesam-Nuss-Kruste
und Pilzsauce süßsauer

Sesam-Nuss-Kruste

je 2 Mandeln, Hasel- und Walnüsse

2 EL Koriandersamen

2 EL Sesamsamen

½ EL schwarze Pfefferkörner

Fisch

4 Zanderfilets à 100–150 g

Salz, frisch gemahlener Pfeffer

Saft von 1 Zitrone

60 g Mehl

4 EL Milch

3 EL Sonnenblumenöl zum Braten

Pilzsauce

200 g Pilze (z. B. Champignons,

Austernpilze, Shiitake)

2 EL Honig

2 EL Zitronensaft

2 EL Sherry-Essig

200 ml Wasser zum Auffüllen

2 EL Sojasauce

80 g Butter

Gemüse

1 EL Butter

4 EL Sprossen

100 g Austernpilze,

in Streifen geschnitten

Salz, frisch gemahlener Pfeffer

100 g junger Blattspinat

4 Kirschtomaten (vorzugsweise

je 2 gelbe und rote)

Sesam-Nuss-Kruste Nüsse, Mandeln und Gewürze unter Rühren in einer Pfanne ohne Fett rösten. Anschließend mahlen oder in der Küchenmaschine zerkleinern.

Fisch Die Fischfilets mit Salz und Pfeffer würzen und mit der Hautseite nacheinander in Mehl, Milch und der Sesam-Nuss-Mischung wälzen. In heißem Sonnenblumenöl auf der Hautseite anbraten und anschließend im 160 °C heißen Backofen in 4 bis 5 Minuten fertig garen.

Pilzsauce Die Pilze in Butter goldbraun sautieren, Honig zugeben und mit Zitronensaft und Essig ablöschen. Mit Wasser und Sojasauce auffüllen, etwa 15 Minuten köcheln lassen. Danach durch ein feines Sieb passieren.

Gemüse Butter in einer Pfanne erhitzen. Sprossen und Pilze dazugeben, mit Salz und Pfeffer würzen und durchschwenken. Zum Schluss Blattspinat und Kirschtomaten beigeben und noch einmal mit Salz und Pfeffer abschmecken.

Ein herbstliches Fischgericht. Im Oktober schmeckt mir der Zander am besten.
Dann sind auch die Nüsse superfrisch und sorgen für eine knusprig-würzige Auflage.

Lauwarmes Bachforellen-Filet
auf Rote-Bete-Tatare

250 g Rote Bete, gekocht

und geschält

1 EL fein geschnittene Schalotte

1 TL Worcestersauce

1 TL Sherry-Essig

3 kleine Gewürzgurken, fein gehackt

40 g Kapern, gehackt

3 EL Mayonnaise

Salz, frisch gemahlener Pfeffer

1 EL Petersilie, gehackt

4 geräucherte Forellenfilets

150 g Vogerlsalat (Feldsalat)

Salatdressing (Rezept Seite 31)

Die Roten Bete in der Küchenmaschine zerkleinern und in eine Schüssel geben. Schalotte, Worcestersauce, Essig, Gewürzgurken, Kapern und Mayonaise hinzufügen und mit Salz und Pfeffer abschmecken. Die Petersilie am besten erst vor dem Servieren dazugeben.

Den Vogerlsalat putzen, waschen und in der Salatschleuder trocknen. Mir dem Dressing marinieren.

Die Forellenfilets im 50 °C warmen Backofen leicht erwärmen. Die Filets mit dem marinierten Vogerlsalat und dem Tatare auf Tellern anrichten.

An heißen Sommertagen serviere ich dieses Gericht auch gerne einmal als Hauptgang.

Felchen auf mariniertem Paprika-Gemüse
an Kartoffelschnee

Paprika-Gemüse

½ Knoblauchzehe, fein geschnitten

½ Schalotte, fein geschnitten

50 g Butter

je 2 gelbe und rote Paprikaschoten,
geschält und würfelig geschnitten

50 g Gewürzspeck, in feine
Streifen geschnitten

1 Tomate, geschält und
würfelig geschnitten

1 EL Petersilie, grob zerkleinert

1 EL Basilikum, grob zerkleinert

Salz, frisch gemahlener Pfeffer

Kartoffelschnee

300 g mehlige Kartoffeln

Salz, frisch gemahlener Pfeffer

4 Felchen oder Renken
(küchenfertig im Ganzen)

Salz, Pfeffer

Saft von 2 Zitronen

1 kleiner Bund Petersilie

8 Zweige Thymian

4 Zweige Rosmarin

2 Zehen Knoblauch, gehackt

8 EL Maiskeimöl zum Braten

Paprika-Gemüse Schalotte und Knoblauch in der Butter farblos ansautieren, Paprikawürfel und Gewürzspeck dazugeben und bissfest garen. Zum Schluss die Tomate und die Kräuter darunter heben, mit Salz und Pfeffer abschmecken.

Kartoffelschnee Die Kartoffeln dämpfen, indem man sie in ein Sieb gibt und in einen Topf mit Wasser hängt.

Wichtig: Sie dürfen das Wasser nicht berühren. Zugedeckt so lange dämpfen, bis sie weich sind. Dies dauert je nach Größe zwischen 20 und 30 Minuten. Die Kartoffeln noch heiß durch die Kartoffelpresse drücken, mit Salz und Pfeffer würzen.

Die Felchen salzen, pfeffern und mit Zitronensaft beträufeln. Mit fein gehackten Kräutern (Petersilie, Thymian und Rosmarin) sowie Knoblauch füllen. Die Fische in einer Pfanne in heißem Öl beidseitig je ca. 7 Minuten goldbraun braten.

Die gebratenen Felchen auf mariniertem Paprika-Gemüse an Kartoffelschnee auf Tellern anrichten.

Felchen ist der Sammelname für kleinere bis mittelgroße Lachsfische, auch Renken genannt. Wer keine Felchen bekommt, kann auf Meeresfische wie Wolfsbarsch ausweichen. In jedem Fall sollte man jedoch Portionsfische mit möglichst festem Fleisch verwenden.

Wallerfilet
mit Artischockenravioli und Kartoffelfond

Raviolifülle

etwas Olivenöl

4 Artischockenböden

1 Knoblauchzehe

1 Zweig Thymian, 1 Zweig Rosmarin

Salz, frisch gemahlener Pfeffer

etwas Zitronensaft

$\frac{1}{16}$ l Weißwein

$\frac{1}{4}$ l Geflügelfond (Rezept Seite 77)

100 g mehlige Kartoffeln, gekocht

und passiert

etwas geriebene Muskatnuss

Ravioliteig

4 Eigelb, 1 ganzes Ei

Salz, 1 EL Öl, 1 EL Wasser

250 g doppelgriffiges Mehl

1 Eiweiß zum Bestreichen

Kartoffelfond

$\frac{1}{2}$ weiße Zwiebel, fein geschnitten

1 EL Butter

4 mehlige Kartoffeln,

kleinwürfelig geschnitten

1 Knoblauchzehe, fein gehackt

2 Zweige Thymian, 1 Zweig Rosmarin

Salz, 5 weiße Pfefferkörner

1 l Geflügel- oder Gemüsefond

Fisch

4 Wallerfilets mit Haut à 150–180 g

Salz, frisch gemahlener Pfeffer

Saft von 1 Zitrone

3 EL Maiskeimöl zum Braten

8 Scheiben Hamburgerspeck

Raviolifülle In einem Topf Olivenöl erhitzen, klein geschnittene Artischockenstücke, Knoblauch und Kräuter beigeben und kurz sautieren. Mit Salz, Pfeffer und Zitronensaft würzen, anschließend mit Weißwein ablöschen. Mit Fond aufgießen und zugedeckt bei sanfter Hitze weich dünsten. Zum Schluss sollte praktisch keine Flüssigkeit mehr vorhanden sein. Artischockenmasse durch ein Sieb streichen und nur so viel von den passierten Kartoffeln beigeben, bis die Masse cremig ist. Nach Belieben mit etwas Muskat abschmecken und in den Kühlschrank stellen.

Ravioliteig Eigelb, ganzes Ei, Salz, Öl und Wasser miteinander verrühren, dann mit dem Mehl zu einem kompakten Teig verkneten. Den Nudelteig fein ausrollen, Kreise ausstechen. Auf die Hälfte der Kreise jeweils etwas von der Fülle mittig plazieren. Den Rand mit Eiweiß bestreichen und mit einem zweiten Kreis abdecken. Die Ränder gut zusammendrücken. Die Ravioli in reichlich Salzwasser etwa 6 bis 8 Minuten kochen.

Kartoffelfond Zwiebeln in Butter ohne Farbe anschwitzen. Kartoffelwürfel beigeben, mit Knoblauch, Thymian, Rosmarin, Salz und Pfefferkörnern würzen. Alles kurz durchschwenken und mit Geflügelfond aufgießen. Sanft köcheln lassen, bis die Kartoffeln weich sind. Durch ein Sieb passieren und nochmals mit etwas Salz und Pfeffer abschmecken.

Fisch Die Wallerfilets mit Salz, Pfeffer und Zitronensaft würzen. In einer Pfanne Öl erhitzen und die Fischfilets darin auf der Hautseite kross anbraten. Danach im Rohr bei etwa 160 °C in etwa 5 Minuten fertig garen.

Währenddessen in einer anderen Pfanne den dünn geschnittenen Speck beidseitig kross braten.

Wallerfilets mit den Ravioli, Kartoffelfond und kross gebratenem Speck servieren

Waller verträgt als einer der wenigen Süßwasserfische auch kräftigere Aromen. Knusprig gebratener Speck macht ihn so richtig herzhaft.

Steinbuttfilet
auf Tomaten-Basilikum-Risotto

Risotto

4 cl Olivenöl

1–2 Schalotten, geschält
und fein gehackt

200 g Risottoreis (z. B. Arborio)

Salz

125 ml Weißwein, erwärmt

500 ml Fischfond, erwärmt
(Rezept Seite 74)

4 große Rispentomaten

2 EL geriebener Parmesan

mehrere Blätter Basilikum,
in feine Streifen geschnitten

frisch gemahlener Pfeffer

Fisch

4 Steinbuttfilets à 150–180 g

Salz, frisch gemahlener Pfeffer

Zitronensaft

1 EL Olivenöl zum Braten

Risotto In einem Topf Olivenöl erhitzen, Schalottenwürfel darin glasig anschwitzen. Reis einrühren und ebenfalls glasig anschwitzen. Leicht salzen, mit warmem Weißwein aufgießen und einreduzieren lassen. Anschließend den Reis mit etwas Fischfond aufgießen und unter häufigem Umrühren einkochen lassen. Den Vorgang so lange wiederholen, bis der Reis die gewünschte Bissfestigkeit erreicht hat. (Dabei den Fond jeweils kellenweise angießen, bis die Flüssigkeit aufgesogen ist.)

Zuletzt die Tomaten vierteln, häuten, entkernen und kleinwürfelig schneiden und zum Risotto geben. Parmesan und Basilikum hinzufügen und nochmals mit etwas Pfeffer abschmecken.

Fisch Die Steinbuttfilets salzen, pfeffern und in Olivenöl auf der Hautseite kross anbraten. Im Rohr bei 160 °C in ungefähr 5 Minuten fertig garen, bis sie glasig sind.

Steinbuttfilets auf dem Risotto anrichten und mit marinierten Frühlingskräutern servieren.

Für den Risotto sollten Wein und Geflügelfond bereits erwärmt sein, damit der Reis ohne zu große Temperaturunterschiede möglichst gleichmäßig garen kann.

Kross gebratenes Doradenfilet
auf Paprikapolenta mit Paprika-Limetten-Sauce

Paprikapolenta

300 g Geflügelfond

Salz, frisch gemahlener Pfeffer

1 EL Olivenöl

100 g Polentagrieß

2 gelbe Paprikaschoten

1 Zweig Thymian

1 Zweig Rosmarin

etwas Olivenöl zum Aufbraten

Paprika-Limetten-Sauce

4 Stangen Zitronengras

$\frac{1}{4}$ weiße Zwiebel, fein geschnitten

2 gelbe Paprikaschoten,

in kleine Würfel geschnitten

2 EL Butter

ein Stück frische Ingwerwurzel,

ca. 3,5 cm, geschält und

klein geschnitten

$\frac{1}{4}$ l Fischfond

$\frac{1}{8}$ l trockener Weißwein

Saft von 1 Limette

Salz, frisch gemahlener Pfeffer

etwas kalte Butter zum Montieren

Fisch

4 Doradenfilets

Salz, frisch gemahlener Pfeffer

Zitronensaft

Paprikapolenta Den Geflügelfond mit Salz, Pfeffer und Olivenöl aufkochen. Polentagrieß einstreuen und bei schwacher Hitze etwa 15 Minuten köcheln lassen. In der Zwischenzeit die Paprikaschoten schälen und in der Küchenmaschine pürieren. Paprikapüree unter die Polenta rühren und auf ein mit Klarsichtfolie ausgelegtes Blech etwa 1 $\frac{1}{2}$ cm hoch aufstreichen. In den Kühlschrank stellen. Die gekühlte Polenta in Stücke schneiden und vor dem Servieren in einer Pfanne mit etwas Olivenöl, Thymian und Rosmarin beidseitig goldbraun braten.

Paprika-Limetten-Sauce Vom Zitronengras jeweils die äußerste Schicht entfernen. Den unteren Teil der Halme in feine Ringe schneiden. Zwiebel und Paprika in Butter anschwitzen, Zitronengras und Ingwer beigeben, mit Fischfond und Weißwein aufgießen. Auf die gewünschte Konsistenz einkochen und durch ein Sieb passieren. Sauce mit Limettensaft, Salz und Pfeffer abschmecken und zum Schluss mit kalter Butter montieren.

Fisch In der Zwischenzeit die Doraden mit Salz, Pfeffer und Zitronensaft würzen. In einer Pfanne Olivenöl erhitzen und die Filets darin auf der Hautseite goldbraun braten.

Doradenfilet mit Paprika-Limetten-Sauce und Paprikapolenta anrichten.

Eine Sauce, die ich besonders gerne mag: Sie ist schön sämig und benötigt trotzdem kein Gramm Obers. Wer mag, kann auch die Butter weglassen – dann aber ein wenig länger einkochen lassen.

Karpfenfilet in der Papilotte
mit Schnittlauch-Kren-Fond

½ Karotte

½ Stangensellerie

½ gelbe Rübe

4 Frühlingszwiebeln

2 EL Butter

50 g zimmerwarme Butter

4 Karpfenfilets à 150 g

Salz, frisch gemahlener Pfeffer

Saft von 1 Zitrone

1 EL Fischfond (Rezept Seite 74)

Alufolie zum Garen

Schnittlauch-Kren-Fond

100 g eiskalte Butter

2 EL frischer Kren (Meerrettich)

250 ml Fischfond

Salz, frisch gemahlener Pfeffer

1 kleiner Bund Schnittlauch

8 kleine gekochte Kartoffeln

2 EL Butter

Karotte, Stangensellerie, Rübe und Frühlingszwiebeln putzen, in feine Streifen schneiden. In einer Pfanne Butter erhitzen und das Gemüse darin farblos anschwitzen. Eventuell einen Schuss Wasser angießen und das Gemüse bissfest garen.

Die Alufolie mit der Butter bestreichen. Karpfenfilets mit Salz, Pfeffer und Zitronensaft würzen und auf die Folie legen. Das gegarte Gemüse darauf arrangieren. Je 1 Löffel Fischfond dazugeben, Alufolie verschließen und im 160 °C heißen Backofen 3 bis 4 Minuten lang garen.

Schnittlauch-Kren-Fond In der Zwischenzeit kalte Butterwürfel und frisch geriebenen Kren in den aufgekochten Fischfond geben. Mit Salz und Pfeffer würzen, den fein geschnittenen Schnittlauch dazugeben.

Die Alufolie kurz öffnen, den Fond eingießen und wieder verschließen. Noch einige Minuten durchziehen lassen.

Karpfenfilets mit Gemüsesauce auf Tellern anrichten. Dazu die in etwas Butter geschwenkten Kartoffeln servieren.

Durch das Garen im eigenen Saft – der durch einige Aromen wirkungsvoll verstärkt wird – behält der Karpfen seinen Eigengeschmack.

Rotbarbe
auf Paprikapolenta mit Paprika-Ingwer-Sauce

Paprika-Ingwer-Sauce

4 gelbe Paprikaschoten

5 EL Olivenöl, extra vergine

1 cm frischer Ingwer

1 TL Korianderkörner

Salz, frisch gemahlener Pfeffer

1 Zweig Rosmarin

1 Zweig Thymian

½ Knoblauchzehe

500 ml Fischfond (Rezept Seite 74)

2-3 EL Olivenöl, extra vergine
zum Abschmecken

Paprikapolenta

300 ml Geflügelfond

Salz, frisch gemahlener Pfeffer

1 Zweig Rosmarin

1 Zweig Thymian

1 EL Olivenöl

2 gelbe Paprikaschoten

100 g Polentagrieß

2 EL Butter zum Braten

Fisch

4 Rotbarbenfilets à 150 g

Salz, frisch gemahlener Pfeffer

Saft von 1 Zitrone

3 EL Olivenöl

Paprika-Ingwer-Sauce Paprika vom Kerngehäuse befreien und klein schneiden. In einem Topf Paprika in Olivenöl farblos anschwitzen, danach bis auf den Fischfond alle Zutaten (Ingwer, Koriander, Salz, Pfeffer, Rosmarin, Thymian, Knoblauch) dazugeben und kurz durchschwenken. Mit dem Fischfond aufgießen und so lange köcheln lassen, bis die Paprikastücke weich sind. Danach durch ein Sieb passieren, würzen und zum Schluss zwei bis drei EL sehr gutes Olivenöl in die Sauce mengen.

Paprikapolenta Den Geflügelfond mit Salz, Pfeffer, Rosmarin, Thymian und Olivenöl aufkochen. Polentagrieß einstreuen und bei schwacher Stufe etwa 15 Minuten köcheln lassen. In der Zwischenzeit die Paprikaschoten blanchieren, danach schälen und in der Küchenmaschine pürieren. Das Paprikapüree unter die Polenta rühren. Diese Masse auf ein mit Klarsichtfolie ausgelegtes Blech etwa 1 ½ cm hoch aufstreichen. In den Kühlschrank stellen und einige Zeit durchkühlen lassen. Die gekühlte Polenta in Stücke schneiden und in einer Pfanne in etwas Butter beidseitig goldbraun braten.

Fisch Die Rotbarbenfilets mit Salz, Pfeffer und Zitronensaft würzen. Die Fischfilets auf der Hautseite in Olivenöl goldbraun braten.

Die gebratenen Rotbarbenfilets auf Paprikapolenta mit der Paprika-Ingwer-Sauce anrichten.

Durch die Beimengung von Paprikapüree erhält die Polenta nicht nur eine tolle Farbe, sondern auch einen unvergleichlich fruchtigen Geschmack.

Hecht auf Roten Beten
und Navetten-Balsamico-Jus mit hausgemachten Bandnudeln

4 Hechtfilets à 160 g

Salz, frisch gemahlener Pfeffer

Saft von 1 Zitrone

3 EL Olivenöl

Navetten-Balsamico-Jus

500 ml Fischfond

125 ml trockener Rotwein

4 EL frisch gepresster Navettensaft
(1 Navette im Entsafter bearbeiten)

4 TL alter Balsamico-Essig

4 EL eiskalte Butterwürfel

12 Navetten, geschält und gekocht

Bandnudeln

Zutaten wie Tagliatelle
(Rezept Seite 91)

Die Hechtfilets mit Salz, Pfeffer und Zitronensaft würzen. In einer Pfanne Olivenöl erhitzen, die Hechtfilets auf der Hautseite knusprig anbraten. Im 160 °C vorgeheizten Backofen in 4 bis 5 Minuten fertig garen lassen.

Navetten-Balsamico-Jus Fischfond und Rotwein erhitzen und auf die Hälfte einreduzieren. Frisch gepressten Navettensaft und Balsamico-Essig dazugeben, nochmals abschmecken und mit eiskalten Butterwürfeln sämig montieren.

Die noch warmen gekochten Navetten in kleine Stücke schneiden, auf Tellern mit dem Navetten-Balsamico-Jus begießen. Die gebratenen Hechtfilets auf den Roten Beten anrichten.

Servieren Sie dieses Gericht am besten mit hausgemachten Bandnudeln.

Verwenden Sie für dieses Gericht nur die schönen Rückenfilets vom Hecht. Alle anderen Teile besitzen zu viele Gräten und taugen nur für die Fischfarce.

Hummer in der Orangenkruste
mit Orangen-Ingwer-Sauce

Orangen-Ingwer-Sauce

3 Stängel Zitronengras

1 EL Zucker

1 EL frischer Ingwer, fein geschnitten

400 ml frisch gepresster Orangensaft

½ TL Korianderkörner

etwas Chili

etwas Stärkemehl zum Binden

Orangenkruste

60 g Zucker

250 ml Wasser

Schale von 2 unbehandelten

Orangen

Fisch

2 Hummer à 500 g

Salz

1 Schuss Öl

frisch gemahlener Pfeffer

2 rosa Grapefruits, filetiert

etwas Butter

Wildkräutersalat

(ersatzweise Rucola)

Orangen-Ingwer-Sauce Vom Zitronengras die äußerste Umhüllung entfernen. Den unteren, weichen Teil der Halme etwas andrücken und in feine Scheiben schneiden. Zucker karamellisieren, Ingwer und Zitronengras dazugeben und mit Orangensaft aufgießen. Koriander und Chili hinzufügen und etwa 20 Minuten köcheln lassen. Durch ein feines Sieb passieren und eventuell noch mit etwas Stärkemehl binden.

Orangenkruste Zucker und Wasser zusammen mit den Orangenschalen so lange kochen, bis die Flüssigkeit verdampft ist. Danach die Orangenschalen auf ein Backpapier auflegen und im Backofen bei ca. 60 °C trocknen lassen. Anschließend in der Küchenmaschine zerkleinern.

Fisch Reichlich Wasser mit etwas Salz und Öl in einem großen Topf einige Minuten sprudelnd kochen lassen, erst dann die Hummer hineingeben und sofort unter die Wasseroberfläche drücken. In 5 bis 6 Minuten halb gar kochen, danach in Eiswasser abschrecken. Die abgekühlten Hummer vorsichtig aus den Schalen brechen. Schwänze der Länge nach halbieren und den Darm entfernen. Mit Salz und Pfeffer würzen, in der Orangenkruste wälzen. Die Krustenseite in Butter leicht anbraten, die Hummer wenden und im Backrohr kurz fertig garen.

Die Grapefruitfilets im eigenen Saft erwärmen und zusammen mit Salat und Hummer anrichten.

Mein Lieblingsgericht aus der Wintersaison 2002/2003.
Der Hummer behält seine schöne rote Farbe, wenn man Öl ins Kochwasser gibt.

Süß-scharfe Garnelen
auf Nishiki-Reis

8 frische Riesengarnelen
Meersalz
Pfeffer
Saft von ½ Zitrone
1 Kopf Brokkoli
2 EL geklärte Butter
8 EL süß-scharfe Asia-Sauce
100 g Enoki-Pilze
(ersatzweise Shiitake oder
Champignons)
3 EL Schnittlauch,
in ca. 4 cm lange
Streifen geschnitten

Reis
300 ml Wasser
1 EL Reisessig
1 Prise Salz
200 g Nishiki-Reis

Die Garnelen schälen, den Darm entfernen und kurz unter kaltem Wasser abspülen. Danach abtropfen lassen und mit Küchenpapier trocken tupfen. Mit Meersalz, Pfeffer und Zitronensaft würzen.

Vom Brokkoli einzelne Röschen abtrennen und diese in reichlich kochendem Wasser blanchieren. Danach herausnehmen, kalt abschrecken und auf einem Sieb abtropfen lassen.

In einer Pfanne geklärte Butter erhitzen, die Garnelen darin beidseitig kurz anbraten. Süß-scharfe Sauce, blanchierte Brokkoli-Röschen und die geputzten Pilze dazugeben. Kurz durchschwenken, zum Schluss den Schnittlauch unterheben.

Reis In einem Topf Wasser, Reisessig und Salz zum Kochen bringen. Den Nishiki-Reis beigeben und zugedeckt bei kleiner Hitze 15 bis 20 Minuten garen.

In tiefen Tellern die süß-scharfen Garnelen zusammen mit dem Gemüse auf Nishiki-Reis anrichten.

Nishiki-Reis ist ein aus Japan und Korea stammender Rundkornreis, der auch für die Zubereitung von Sushi verwendet wird.

Thunfisch-Tatare
mit Erdnussöl

Marinade

1 ½ EL Erdnussöl

½ EL Fischsauce

(aus dem Asia-Laden)

½ EL Sojasauce

½ TL karamellisierter Zucker

1 cm fein geschnittener

frischer Ingwer

Saft von 1 Zitrone

Thunfisch-Tatare

200 g Thunfisch

½ gelbe Paprikaschote

1 Tomate

1 Frühlingszwiebel

¼ Salatgurke

½ Mango

Salat

4 Hände voll Rucola

Salatdressing (Rezept Seite 31)

Marinade Sämtliche Zutaten gründlich zu einer homogenen Sauce verrühren.

Thunfisch-Tatare Den Fisch in der Tiefkühltruhe etwa 30 Minuten leicht gefrieren lassen. Anschließend lässt sich das Filet spielend leicht in 5 mm große Würfel schneiden. Paprika, Tomate, geputzte Frühlingszwiebel, geschälte Salatgurke und das Mangofruchtfleisch möglichst kleinwürfelig schneiden. Mit der Marinade verrühren. Die Gemüse- und Obstwürfel sowie den gekühlten Thunfisch dazugeben. Kleine Nocken formen.

Salat Aus Rucola und dem Dressing einen Salat zubereiten.

Das Thunfisch-Tatare auf gekühlten Tellern mit mariniertem Rucolasalat anrichten.

Verlangen Sie für dieses Gericht bei Ihrem Fischhändler unbedingt hellroten Thunfisch in Sushi-Qualität!

»Essen gibt uns Energie. Darum ist die Wahl der Produkte so wichtig.«

Ein großer Anteil des von mir verwendeten Fleisches stammt von einem sehr auf Qualität achtenden Metzger in Oberösterreich. Das Wild kommt in erster Linie von den Jägern aus der umliegenden Region. In meiner Küche werden nicht nur Edelteile verarbeitet: Besonders im Herbst und Winter gibt es jede Menge Schmorgerichte mit allen möglichen Fleischteilen. Man kann ja ein Tier nicht bloß auf seine Filetstücke reduzieren!

Bei einigen Produkten kommt mein »Patriotismus« zu Tage: Was das Reh anlangt, haben wir weltweit die beste Qualität. Überhaupt: Nirgendwo gibt's Wild in so einer Topqualität. Gleiches gilt auch für die österreichischen Milchprodukte. Da sind wir einmalig. Zum Beispiel der simple Topfen, wie er in jedem Geschäft erhältlich ist: ein geniales Produkt, mit dem man unglaublich viel anstellen kann.

Schweinsbraten und Leberkäse sind auch für eine Gourmetköchin nicht tabu, im Gegenteil: Ich liebe das. Das Problem dabei ist, dass mir eine Leberkässemmel zu wenig ist, darum esse ich immer eine zweite. Und von der ist mir dann schlecht! Aber was soll ich machen – das gehört halt dazu.

Im Restaurant verlangen Fleischspeisen ganz besondere Aufmerksamkeit, denn oft ist dabei die Perfektion besonders schwer zu erlangen: Ich versuche eine tolle Sauce zu machen, ich achte darauf, dass das Fleisch am Punkt gegart ist. Zwar wird das Fleisch derzeit in der Regel als Hauptgang angesehen, aber das muss ja nicht immer sein. Viele meiner Gäste bitten um ein vegetarisches Menü, und außerdem hat ein kreatives Fischgericht ebenfalls das Zeug zum kulinarischen Höhepunkt. Es werden mit Sicherheit in den nächsten Jahren einige Produkte bezüglich ihrer Wertigkeit mit dem Fleisch gleichgestellt werden. Da bin ich mir sicher!

Fleisch wird in unserer Gesellschaft stets als Männersache angesehen. Sind die Unterschiede zwischen Mann und Frau auf kulinarischem Gebiet tatsächlich so groß?

Kann Kochen Kunst sein? Kunst ist, wenn ich sehe, wie Eis
oder Schokolade zu erstaunlichen Skulpturen verarbeitet
wird. Das ist für mich Kunst, aber nicht Genuss zum Essen.
Kochkunst ist die Gabe zu sehen, welche Produkte zusammenpassen.
Und die dann so anzurichten, dass es sich zu einem wunderbar
stimmigen Ganzen zusammenfügt. Ein Spiel mit Farben und Formen.
Der Geschmack ist ohnehin die Grundverpflichtung.

Frauen kochen und sehen anders. Wir haben eine andere Anrichteweise. Mein Sohn Didi sagt zum Beispiel, dass er für sein Gefühl fast ein wenig feminin kocht, weil er alles von mir gelernt hat. Was genau aber ist das Feminine an einer Küche? Vielleicht das Ins-Detail-Gehen. Das ist wie in der Mode: Männer machen eine andere Mode als Frauen. Ich kann das eigentlich gar nicht näher erklären, es ist für mich eine Art von Naturgegebenheit.

Früher galt als Argument dafür, dass Frauen nicht so oft in Spitzenpositionen in der Küche zu finden sind, dass sie körperliche Anstrengungen wie das Heben von schweren Töpfen nicht bewältigen können: Kraftraubend ist es natürlich, aber es ist machbar. Man kann jedoch nicht permanent jemanden bitten, dass er dir was runterhebt oder wo hinträgt. Darum kommt man hin und wieder schon selber ordentlich dran in der Küche.

Frau zu sein war für mich niemals ein beruflicher Nachteil. Anfangs haben mich die Kollegen halt ein wenig belächelt und vielleicht auch unterschätzt. Ganz nach dem Motto: Na ja, die Johanna darf jetzt auch einmal in die Küche schauen. Inzwischen bin ich zur Konkurrentin geworden und lass mir bei manchen Details auch nicht mehr so gerne in die Karten blicken.

Rehfilet mit Lauch,
Preiselbeerspitz und Quitten-Confit

400 g Rehfilet

Salz, frisch gemahlener Pfeffer

100 g Butter

200 g Lauch

Preiselbeerspitz

250 g Preiselbeeren

250 g Zucker

1 EL Agar-Agar (Bindemittel
aus Seetang)

1 EL Wasser

Quitten-Confit

100 g Zucker

1 kg Quitten

250 ml trockener Weißwein

Saft von 1 ½ Zitronen

Rehfilet mit Salz und Pfeffer würzen und in Butter kurz goldbraun anbraten. Im auf 160 °C vorgeheizten Backofen 5 bis 7 Minuten garen lassen. Rehfilet aus dem Ofen nehmen und bei Zimmertemperatur ungefähr 10 Minuten rasten lassen. Vor dem Servieren nochmals kurz mit heißer Butter übergießen.

Lauchstangen der Länge nach halbieren, die Lauchblätter blanchieren. Lauch in Streifen schneiden und damit eine Art Netz flechten, das man rund um das Rehfilet wickelt. – Wem das zu kompliziert ist, der serviert den Lauch ganz einfach als separate Gemüsebeilage.

Preiselbeerspitz Preiselbeeren mit Zucker im Mixer so lange rühren, bis der Zucker sich aufgelöst hat. Danach die Masse leicht erwärmen. Agar-Agar in Wasser auflösen und dazugeben. Die Masse in eine Spitzform füllen und im Kühlschrank stocken lassen.

Quitten-Confit Die Quitten schälen und das Fruchtfleisch sehr klein schneiden. Zucker in einem Topf karamellisieren, die Quitten dazugeben, mit Weißwein aufgießen und weich kochen. Mit Zitronensaft abschmecken und durch ein Sieb passieren.

Das Rehfilet in Scheiben schneiden und auf Tellern mit einem gestürzten Preiselbeerspitz und etwas Quitten-Confit anrichten.

Erst durch das Rasten nach dem Braten bleibt das Fleisch saftig und mürb zugleich. Dies gilt übrigens für jede Art von gebratenem Fleisch!

Rehrücken mit seinen Gewürzen
auf Apfel-Spargel-Lasagne

Gewürzmischung

60 g schwarze Pfefferkörner

120 g Piment

60 g Wacholderbeeren

30 g Kümmel

150 g Koriander

Sauce

500 g Rehknochen und Parüren

(Fleischabschnitte)

200 g Schalotten

120 g Karotten

120 g Stangensellerie

2 EL Öl zum Braten

1 EL Tomatenmark

Salz, frisch gemahlener Pfeffer

1 EL Gewürzmischung

(siehe oben)

2 kleine mehlige Kartoffeln,

150 g Zwiebeln, klein geschnitten

40 g Butter

250 ml Rotwein,

250 ml Portwein

Rehrücken

600 g Rehrücken (ausgelöst)

Gewürzmischung zum Wenden

2 EL Butter zum Braten

Salz, frisch gemahlener Pfeffer

Apfelfond

½ l Wasser

Zitronensaft, Zucker

⅛ l trockener Weißwein

1 Zimtstange, 3 Gewürznelken

Apfel-Spargel-Lasagne

2 große Granny Smith-Äpfel

100 g grüner Spargel

1 EL Butter

250 ml Geflügelfond

(Rezept Seite 77)

Gewürzmischung Die Zutaten (Pfeffer, Piment, Wacholderbeeren, Kümmel und Koriander) in einer Pfanne kurz anrösten, danach abkühlen lassen und in der Küchenmaschine zerkleinern. In ein luftdicht verschließbares Glasgefäß geben, damit das Aroma erhalten bleibt.

Sauce Knochen klein hacken und Fleisch klein schneiden. Schalotten, Karotten und Sellerie putzen und kleinwürfelig schneiden. Knochen und Fleischabschnitte in einer Pfanne in heißem Öl kräftig anbraten. Knochen und Fleisch in einen Topf umfüllen. Das Fett aus der Pfanne abgießen. In der Pfanne etwas frisches Öl erhitzen und darin das klein geschnittene Gemüse anbraten. Tomatenmark zugeben und kurz mitrösten lassen. Salz, Pfeffer und Rehgewürz in den Topf mit den Rehknochen umfüllen und mit kaltem Wasser auffüllen.

Die geschälten und roh geriebenen Kartoffeln zugeben und etwa 2 Stunden köcheln lassen. Dabei mehrmals den sich an der Oberfläche absetzenden Schaum abschöpfen. Anschließend durch ein feines Sieb passieren und entfetten. Zwiebelwürfel in wenig Butter anschwitzen. Mit Rot- und Portwein ablöschen, einkochen und mit der passierten, Sauce aufgießen. Auf die gewünschte Konsistenz reduzieren und durch ein feines Sieb passieren.

Rehrücken Das Fleisch mit Salz und Pfeffer würzen, in der Gewürzmischung wenden und in Butter anbraten. Rehrücken für 8 bis 10 Minuten bei 180 °C im Backrohr garen. Danach herausnehmen und an einem warmen Ort ruhen lassen. Vor dem Anrichten nochmals kurz in heißer Butter schwenken und mit dem Bratfett übergießen.

Apfelfond Wasser, Saft, Wein und Gewürze in einem Topf erwärmen.

Apfel-Spargel-Lasagne Die Äpfel in dünne Scheiben schneiden und diese im warmen Apfel-Fond marinieren. Den Spargel (ideal: Thai-Spargel) putzen, im Geflügelfond bissfest kochen und vor dem Servieren in Butter schwenken.

Den Rehrücken mit dem in dünne Scheiben geschnittenen Spargel und den Apfelscheiben dekorativ anrichten.

Gratinierter Lammrücken
auf Paprika-Zucchini-Gemüse und gefüllten Wan-Tan-Tascherl

800 g Lammrücken

Salz, frisch gemahlener Pfeffer

2 Zweige Thymian, 1 Zweig Rosmarin

einige Zehen Knoblauch

Öl zum Braten

Kräutermischung

1 Zweig Thymian, 1 Zweig Rosmarin

½ Knoblauchzehe

2 EL Olivenöl

1 EL gehacktes Basilikum

1 EL Petersilie

Zum Bestreichen

1 EL Dijonsenf, 1 EL süßer Senf

1 EL scharfer Senf

1–2 EL Weißbrotbrösel

ca. 2 EL weiche Butter

Paprika-Zucchini-Gemüse

1 gelbe und 1 rote Paprikaschote

etwas Olivenöl, Salz

2 Tomaten

etwas Lauch, in Streifen geschnitten

1 mittelgroße Zucchini,
kleinwürfelig geschnitten

einige Scheiben Hamburgerspeck,
fein geschnitten

frisch gemahlener Pfeffer

1 EL Basilikum, in Streifen

1 EL Petersilie, gehackt

Wan-tan-Tascherl

200 g mehlige Kartoffeln, passiert

50 g grüne Oliven, gehackt

½ gelbe Paprikaschote,
würfelig geschnitten

½ rote Paprikaschote,
würfelig geschnitten

50 g Zucchini, in Würfeln

30 g Butter, 2 EL Obers (süße Sahne)

Den Lammrücken leicht salzen, in heißem Olivenöl unter Zugabe von Thymian, Rosmarin und Knoblauch beidseitig gut anbraten. Danach das Fleisch auf das Ofengitter legen und im Backofen bei 160 °C ungefähr 8 Minuten braten. Anschließend aus dem Rohr nehmen und ca. 10 Minuten an einem warmen Ort ruhen lassen.

Kräutermischung Thymian, Rosmarin, Knoblauch, Basilikum und Petersilie fein hacken. Mit Olivenöl verrühren.

Zum Bestreichen Die drei Senfsorten gut verrühren und auf das Fleisch streichen. Darüber die Kräutermischung auftragen, mit Weißbrotbröseln und Butter abschließen. Den Lammrücken mit der Kräuter-Senf-Kruste im Backofen bei maximaler Oberhitze gratinieren.

Paprika-Zucchini-Gemüse Paprika mit Olivenöl bestreichen, salzen und im heißen Backofen so lange schmoren, bis sich die Haut leicht abziehen lässt. Die Tomaten vierteln, mit einem scharfen Messer aus der Schale lösen. Danach das Gemüse (Paprika, Lauch, Zucchini) in Würfel oder Streifen schneiden.

Olivenöl in einer Pfanne erhitzen. Hamburgerspeck, Zucchiniwürfel, Lauchstreifen, Paprika und Tomaten zugeben und kurz sautieren. Mit Salz, Pfeffer, Basilikum und Petersilie abschmecken.

Wan-Tan-Tascherl Paprika würfelig schneiden. Sämtliche Zutaten gut verrühren, mit Salz und Pfeffer würzig abschmecken und in den Kühlschrank stellen. Wan-Tan-Teigblätter jeweils in der Mitte mit der Fülle belegen. Die Ränder mit Eiweiß bestreichen, zusammenklappen und gut aufeinander drücken. In einer tiefen Pfanne reichlich Öl erhitzen. Die Wan-Tan-Tascherl darin bei 160 °C goldgelb backen.

Lammrücken portionieren und auf Paprika-Zucchini-Gemüse mit den Wan-Tan-Tascherl anrichten.

Gebackenes Kitz
mit Kartoffel-Bärlauch-Salat

800 g Kitzrücken und Kitzschlegel
Salz, frisch gemahlener Pfeffer
2 Eier
2 EL leicht geschlagenes Obers
(süße Sahne)
80 g Mehl
200 g Kräuterbrösel (Weißbrotbrösel,
mit je 1 EL fein gehacktem Thymian
und Rosmarin vermengt)
Maiskeimöl zum Backen
Kartoffel-Bärlauch-Salat
1 kg speckige Kartoffeln (z. B. Kipfler)
Petersilienstängel
Salz, Kümmel
1/8 l Rindssuppe (Rezept Seite 71)
1/16 l Weißweinessig
Salz, frisch gemahlener Pfeffer
1 TL Senf
1/16 l Maiskeimöl
50 g Bärlauch
Öl

Aus dem Fleisch schöne Koteletts herausschneiden, diese mit Salz und Pfeffer würzen. Die Eier mit Obers verrühren. Fleisch in Mehl wenden, durch das Ei ziehen und anschließend in den Kräuterbröseln wälzen. In reichlich heißem Öl goldbraun backen.

Kartoffel-Bärlauch-Salat Die Kartoffeln mit Petersilienstängel, Salz und Kümmel in der Schale kochen. Kartoffeln noch warm schälen und in Scheiben schneiden. Rindssuppe, Weißweinessig, Salz, Pfeffer und Senf vermengen, dann das Maiskeimöl mit einem Schneebesen einrühren. Kartoffelscheiben marinieren.

Bärlauch mit etwas Öl in der Küchenmaschine pürieren und kurz vor dem Anrichten mit dem lauwarmen Kartoffelsalat vermengen.

Ein traditionelles Ostergericht, das aber auch an anderen Tagen gut schmeckt. Statt Kitz kann man auch Lamm nehmen.

Kalbsrahmbeuschel
mit Brioche-Knöderl

½ Kalbslunge

½ Kalbsherz

Salz, 1 TL Pfefferkörner

2 Zweige Thymian, 3 Lorbeerblätter

Sauce

100 g Zwiebeln

50 g Essiggurkerl

70 g Karotten

50 g Sellerie

½ Stange Lauch

1 kleiner Bund Petersilie

einige Zweige Majoran und Kerbel

150 g Butter

400 ml Riesling

$\frac{1}{16}$ l Sauerrahm

125 ml Crème fraîche

Kümmel, frisch gemahlener Pfeffer

frisch geriebene Muskatnuss

1 EL abgeriebene Zitronenschale

1 TL Senf, 1 EL Kapern

1 Schuss Weinessig

Gemüse- oder Meersalz

etwas Obers (süße Sahne)

etwas Butter

1–2 rohe Kartoffeln (bei Bedarf)

Knöderl

½ Schalotte, fein geschnitten

30 g Butter

400 g frisches Toastbrot, entrindet und würfelig geschnitten

3 Eier

¼ l lauwarme Milch

3 EL fein gehackte Petersilie

Salz, frisch gemahlener Pfeffer

Von der Lunge den Schlund, grobe Sehnen und Fettstränge wegschneiden. Gemeinsam mit dem Herz für 1 Stunde in kaltes Wasser legen. Zwischendurch das Wasser wechseln und die Beuschelstücke ein wenig durchspülen.

Das Beuschel in einem Topf in kaltem Wasser mit etwas Salz, Thymian, Lorbeerblättern und Pfefferkörnern aufsetzen und auf kleiner Flamme in 45 Minuten kernig kochen. Danach mit kaltem Wasser abspülen und auskühlen lassen. Beuschel und Herz feinstreifig schneiden, dabei Haut und eventuell noch vorhandene Fettstellen entfernen.

Sauce Die Zwiebel schälen und klein schneiden. Essiggurkerl kleinwürfelig schneiden. Karotten, Sellerie und Lauch putzen und raspeln. Die Kräuter (Petersilie, Majoran, Kerbel) möglichst fein schneiden. In einem geräumigen Topf die Hälfte der Butter zergehen lassen, Zwiebeln darin anschwitzen lassen, das Gemüse sowie etwas Beuschel dazugeben, ebenso Wein, Sauerrahm, Crème fraîche, sämtliche Gewürze und Aromaten (Pfeffer, Muskat, geriebene Zitronenschale, Senf, Weinessig, Kapern, Salz) sowie die fein geschnittenen Kräuter. Sauce auf kleiner Hitze kochen, bis die Flüssigkeit auf etwa die Hälfte der ursprünglichen Menge reduziert ist.

Geschnittenes Beuschel und etwas Obers dazugeben. In einer Pfanne Butter erhitzen, bis sie bräunt, und ebenfalls zum Beuschel geben. Nochmals ein wenig köcheln lassen. (Sollte die Bindung zu schwach sein, kann man 1 bis 2 rohe Kartoffeln in die Sauce reiben.)

Knöderl Die fein geschnittene Schalotte in Butter ansautieren und mit den übrigen Zutaten vermengen. Die Masse etwa 10 Minuten ruhen lassen, danach zu Knödeln formen und diese in Salzwasser 12 bis 15 Minuten zugedeckt kochen.

Das Kalbsrahmbeuschel mit Brioche-Knöderl auf Tellern anrichten.

Der österreichische Klassiker mit meiner ganz persönlichen Würzung.

Knusprig gebratene Ente
mit Schmorgemüse und Polentaknödel

Marinade

Saft von 1 Orange

10 g Ingwer, in dünne

Scheiben geschnitten

1 Knoblauchzehe

1 EL Honig

3 EL Sojasauce

5 schwarze Pfefferkörner

Ente und Sauce

1 Ente, ca. 1,5–2 kg

Salz, 1 Karotte, 1 Zwiebel

½ Knollensellerie, ½ Staudensellerie

2 EL Tomatenmark

2 EL Öl, 250 ml Rotwein

500 ml Geflügelfond (Rezept Seite 77)

Knödelfülle

2 EL Butter

100 g Blattspinat, geputzt

2 Schalotten, fein gehackt

15 schwarze Oliven, fein geschnitten

Salz, frisch gemahlener Pfeffer

50 g Fontina-Käse, gerieben

50 g Mozzarella, klein geschnitten

Polentamasse

400 ml Geflügelfond (Rezept Seite 77)

1 Knoblauchzehe

je 1 Zweig Rosmarin und Thymian

1 EL Olivenöl, ½ EL Butter

60 g Polentamehl

Salz, frisch gemahlener Pfeffer

frisch gemahlene Muskatnuss

Außerdem

3 EL Polentamehl zum Wälzen

Fett oder Öl zum Frittieren

Marinade Sämtliche Zutaten in eine Schüssel geben und über Nacht im Kühlschrank durchziehen lassen. Am nächsten Tag die Marinade durch ein Sieb seihen.

Ente und Sauce Die küchenfertig vorbereitete Ente leicht salzen, mit der Marinade einpinseln und diese etwa 1 Stunde einziehen lassen. Karotte, Zwiebel, Knollen- und Stangensellerie schälen und alles in kleine Würfel schneiden.

Gemüsewürfel mit Tomatenmark in einer geräumigen Kasserolle in Öl kurz anrösten, mit etwas Wein und Geflügelfond aufgießen. Ente draufsetzen und im Ofen bei 180 °C ungefähr 90 Minuten braten. Zwischendurch immer wieder mit Wein und Brühe aufgießen.

Wenn die Ente schön knusprig und braun ist, ca. 15 Minuten an einem warmen Ort ruhen lassen. In der Zwischenzeit das Gemüse zusammen mit dem Saft durch ein Sieb passieren.

Knödelfülle In einer Pfanne Butter erhitzen, Spinat, Schalotten und Oliven darin kurz anziehen lassen, abschmecken und kalt stellen. Fontina-Käse mit Mozzarella und dem Spinat vermengen.

Polentamasse In einem Topf Geflügelfond mit Knoblauch, Rosmarin, Thymian, Olivenöl und Butter aufkochen lassen. Dann langsam Polentamehl einstreuen und 15 Minuten auf schwächster Hitze köcheln lassen. Mit Salz, Pfeffer und Muskatnuss abschmecken. Achtung: Die Polenta muss lauwarm weiterverarbeitet werden, darum unbedingt die Füllung zuerst vorbereiten!

Die noch warme Polenta zu Kugeln formen, mit der Spinat-Käse-Masse füllen und gut verschließen. Knödel nochmals in Polentamehl wälzen und 5 Minuten in reichlich heißem Fett schwimmend frittieren.

Die Ente mit der Sauce in der Kasserolle servieren, die Polentaködel extra dazu reichen.

Mit meiner Marinade wird die Haut der Ente praktisch von allein knusprig.

In der Kasserolle geschmortes Milchlamm
mit Gemüse

(Für 4–6 Personen)

1 ausgelöste Milchlammschulter

Salz, frisch gemahlener Pfeffer

1 Zweig Rosmarin

1 Zweig Thymian

1 Knoblauchzehe

2 Stangen Staudensellerie

1 Knollensellerie

4 Karotten

1 Stange Lauch

2 Knoblauchzehen

8 Frühlingszwiebeln

5 EL Olivenöl

250 ml Rotwein

500 ml Geflügelfond

(Rezept Seite 77)

500 g Frühkartoffeln

mit Schale, halbiert

1 Zweig Rosmarin

1 Zweig Thymian

Salz

Die Milchlammschulter mit Salz, Pfeffer, Rosmarin, Thymian und Knoblauch kräftig einreiben und über Nacht im Kühlschrank marinieren lassen.

Mit Ausnahme der Kartoffeln sämtliches Gemüse (Stauden- und Knollensellerie, Karotten, Lauch, Knoblauchzehen, Frühlingszwiebeln) putzen bzw. schälen und klein schneiden.

Olivenöl in einer Kasserolle erhitzen und die marinierte Schulter beidseitig kurz goldbraun anbraten. Gemüse dazugeben und mit Rotwein ablöschen. Im Backofen bei 150 °C 1 Stunde lang schmoren, dabei immer wieder mit Geflügelfond übergießen. Sobald das Gemüse gar ist (nach 20 bis 30 Minuten), etwa die Hälfte davon als Beilage aus der Kasserolle nehmen und beiseite stellen.

Die halbierten Kartoffeln auf ein Backblech legen, mit Rosmarin und Kräutern bestreuen und in etwa 30 Minuten garen. Kartoffeln erst vor dem Servieren salzen.

Vor dem Servieren die Sauce durch ein Sieb passieren und das Beilagengemüse darin erwärmen. Das geschmorte Milchlamm samt Gemüse und Sauce in der Kasserolle servieren.

Ein wunderbares Schmorgericht, bei dem die Gemüsebeilage ohne viel Zutun von selbst entsteht.

Frikandeau vom Kalb
mit seinen Beilagen

(Für 4–6 Personen)

1 kg Kalbfleisch (mageres Meisel
bzw. Schulterfilet)

ca. 3 l Wasser

2 Zwiebeln, halbiert

10 junge Karotten, klein gewürfelt

2 Stangen junger Lauch,
fein geschnitten

½ Knollensellerie, klein gewürfelt

1 Stangensellerie, in feinen Scheiben

Salz, 10 schwarze Pfefferkörner

2 Lorbeerblätter, 7 Korianderkörner

einige Petersilienstängel

Sauce

100 g kalte Butter

1 Bund Schnittlauch, fein geschnitten

Apfelkren

2 Äpfel, geschält und geviertelt
und entkernt

2 EL frisch geriebener Kren
(Meerrettich)

Saft von 1 Zitrone, Salz

Püree

400 g mehlige Kartoffeln, geschält

100 ml Milch

100 g Butter

Salz, frisch gemahlener Pfeffer

frisch geriebene Muskatnuss

2 weiße Zwiebeln zum Füllen

Das Fleisch kurz in kochendem Wasser blanchieren. Die halbierten Zwiebeln an den Schnittflächen in einer Pfanne anbräunen. Karotten, Lauch, Sellerie und Zwiebeln mit Gewürzen und frischer Petersilie in einem Topf mit kaltem Wasser aufsetzen. Das Fleisch dazugeben und ganz langsam zum Kochen bringen.

Die Brühe so lange langsam köcheln lassen, bis das Fleisch weich ist. Das Gemüse nach etwa 1 Stunde herausnehmen und für später beiseite stellen. Das fertig gegarte Fleisch (Kochzeit ca. 2 Stunden) aus der Suppe nehmen. Diese durch ein feines Sieb passieren und abschmecken.

Sauce Einen Teil der Brühe etwas einkochen. Mit Butter montieren und mit Schnittlauch verfeinern.

Apfelkren Die geschälten Äpfel weich dünsten. Durch ein Sieb passieren und mit dem frisch geriebenen Kren, Zitronensaft und Salz abschmecken.

Püree Kartoffeln in Salzwasser weich kochen, abgießen und durch eine Kartoffelpresse drücken. Die Milch erwärmen und mit der Butter unter das Püree rühren. Mit Salz, Pfeffer und geriebener Muskatnuss abschmecken. Die Zwiebeln halbieren, in einzelne Schichten teilen und in etwas Brühe blanchieren. Das Püree in die Zwiebeln füllen (dies geht am besten mit einem Dressiersack).

Die mit Püree gefüllten Zwiebeln zusammen mit dem in Scheiben geschnittenen Fleisch, etwas Sauce sowie Gemüse und Apfelkren anrichten.

Das Geheimnis dieses Gerichts ist simpel: ganz langsam kochen, damit das Fleisch optimal saftig bleibt.

Rosa gebratene Taubenbrust
mit Kartoffel-Blini und Barolo-Jus

Kartoffel-Blini

350 g mehlige Kartoffeln

40 g Crème fraîche

40 g Obers (süße Sahne)

3 Eigelb

30 g Mehl

20 g Maisstärke

Salz, frisch gemahlener Pfeffer

frisch geriebene Muskatnuss

2 EL Butter

Barolo-Jus

5 mittelgroße Schalotten

etwas Butter

150 ml Barolo

(Rotwein aus Nebbiolo-Trauben)

150 ml Portwein

750 ml kräftiger Kalbsjus

Rotweinschalotten

5 mittelgroße Schalotten

etwas Butter

150 ml Barolo,

150 ml roter Portwein

Taubenbrust

4 Taubenbrüste

Salz, frisch gemahlener Pfeffer

100 g Butter

1 Zweig Rosmarin, fein gehackt

1 Zweig Thymian, fein gehackt

Kartoffel-Blini Kartoffeln weich kochen, schälen und gut ausdampfen lassen. Durch eine Kartoffelpresse drücken oder durch ein Sieb passieren. Mit Crème fraîche, Obers, Eigelb, Mehl und Maisstärke verrühren und mit Salz, Pfeffer und Muskat abschmecken. Die Masse in einen Dressiersack füllen und die dressierten Blini in einer erhitzten Pfanne mit etwas Butter goldgelb anbraten. Im heißen Backrohr fertig backen.

Barolo-Jus Die Schalotten fein schneiden, in etwas Butter farblos anschwitzen. Mit Barolo und Portwein aufgießen, die Flüssigkeit komplett einreduzieren. Mit Kalbsjus aufgießen und auf die gewünschte Konsistenz einkochen. Durch ein feines Sieb passieren und je nach Konsistenz noch etwas einkochen.

Rotweinschalotten Schalotten fein schneiden, in etwas Butter farblos anschwitzen und mit Rot- und Portwein einreduzieren.

Taubenbrust Das Fleisch mit Salz und Pfeffer würzen und in heißer Butter mit Rosmarin und Thymian rosa braten. Dabei möglichst oft mit der Bratbutter übergießen.

Rosa gebratene Taubenbrust mit Kartoffel-Blini und Barolo-Jus auf Tellern anrichten.

Die besten Tauben kommen eindeutig aus Frankreich.
Doch das beste Reh stammt dafür aus Österreich.

Gefüllte Perlhuhnbrüstchen
im Strudelteig auf Tagliatelle

4 Perlhuhnbrüste

Salz, frisch gemahlener Pfeffer

je ½ gelbe und rote Paprikaschote

100 g Geflügelfarce

1 TL gehackte Petersilie

2 Hummerschwänze, gekocht

und ausgelöst

fertiger Strudelteig

Öl zum Frittieren

Tagliatelle

4 Eigelb

1 ganzes Ei

etwas Salz

1 EL Öl

1 EL Wasser

250 g doppelgriffiges Mehl

Die Perlhuhnbrüstchen plattieren, mit Salz und Pfeffer würzen. Paprikaschoten schälen und feinwürfelig schneiden. Die Geflügelfarce mit Paprika und Petersilie vermengen und ebenfalls mit Salz und Pfeffer abschmecken. Mit einer Palette auf die Brüstchen streichen. Je einen halbierten, mit Salz und Pfeffer gewürzten Hummerschwanz darauf legen, abermals mit Farce bestreichen und einrollen. Den Strudelteig in etwa 25 x 25 cm große Quadrate schneiden, mit Eiweiß bestreichen und die Brüstchen drauflegen. Einrollen und in reichlich heißem Öl etwa 8 Minuten frittieren.

Tagliatelle Eigelb, ganzes Ei, Salz, Öl und Wasser gut verrühren und mit 250 g doppelgriffigem Mehl verkneten. Den Teig rasten lassen, danach auf einer bemehlten Arbeitsfläche dünn ausrollen und in feine Streifen schneiden.

Tagliatelle in reichlich Salzwasser gar kochen, abseihen, danach kurz abschrecken und in Butter schwenken.

Die Bandnudeln zu den Perlhuhnbrüstchen im Strudelteig servieren. Dazu passt gut meine Trüffelsauce (Rezept Seite 109).

Hummer und Huhn. Eine auf den ersten Blick ungewöhnliche, aber dennoch stimmige Kombination. Statt des Perlhuhns kann man auch den Mix mit Kalbfleisch wagen.

Filet vom Kaninchen
mit hauchdünnem Gewürzspeck und Parmesan

8 Kaninchenfilets à 150 g
16 dünne Scheiben Gewürzspeck
Salz, frisch gemahlener Pfeffer
3 EL Olivenöl
150 g Parmesan
200 gemischte Blattsalate
Salatdressing
(Rezept Seite 31)

Die Kaninchenfilets in 16 Stücke schneiden, mit Salz und Pfeffer würzen. Jede Fleischportion mit einer hauchdünnen Speckscheibe umwickeln und auf Holzspießchen stecken.

In einer Pfanne Olivenöl erhitzen und die Kaninchenspieße darin auf allen Seiten knusprig anbraten. Danach etwa 3 Minuten im auf 160 °C vorgeheizten Backofen garen.

Parmesan mit einer Mandoline oder einem anderen Schneidegerät in dekorative Späne hobeln.

Blattsalate putzen, waschen und trocken schleudern. Mit dem Dressing marinieren und auf Tellern anrichten. Die fertig gegarten Kaninchenfilets darauf legen und mit dem geraspelten Parmesan garnieren.

Mit der würzigen Umhüllung verhindert man, dass das zur Trockenheit neigende Kaninchen langweilig und saftlos schmeckt.

Rosa geschmorter Kalbstafelspitz
mit Kräutern, Artischocken-Tomaten-Gemüse und Rosmarinsaftel

600–700 g Kalbstafelspitz

125 g Butter

Salz

1 Bund Schnittlauch, fein gehackt

Gemüse

8 kleine Artischocken

1 Zweig Rosmarin

1 Zweig Thymian

2 EL Olivenöl

125 ml Weißwein

500 ml Geflügelfond

(Rezept Seite 77)

8 mittelgroße Rispentomaten

Salz, frisch gemahlener Pfeffer

1 Knoblauchzehe, gehackt

100 g junge Erbsenschoten

1 EL Butter

Rosmarinsaftel

250 ml Kalbssauce

(Rezept Seite 72)

3 Zweige Rosmarin

Das Kalbfleisch kurz blanchieren, damit sich die Poren schließen. Anschließend mit leicht gesalzener, flüssiger Butter bestreichen. Auf einen Rost legen und im Backofen bei 68 °C 8 Stunden garen lassen. Mehrmals mit der flüssigen gesalzenen Butter bestreichen.

Gemüse Die Artischocken putzen, das heißt, alle harten Teile sowie eventuell vorhandenes Heu entfernen. Je frischer und kleiner die Artischocken sind, desto weniger muss man putzen! Artischocken, Rosmarin und Thymian kurz in Olivenöl sautieren. Mit etwas trockenem Weißwein ablöschen und mit Geflügelfond aufgießen. Bei kleiner Hitze weich dünsten.

Die Tomaten vierteln und in etwas Olivenöl mit Salz, Pfeffer und der Knoblauchzehe sautieren. Vor dem Servieren mit den Artischocken vermischen.

Die Erbsenschoten blanchieren und in etwas Butter schwenken.

Rosmarinsaftel Die Kalbssauce für einige Zeit mit dem Rosmarin köcheln lassen.

Fein aufgeschnittenen Tafelspitz mit gehacktem Schnittlauch bestreuen, mit dem Gemüse und Rosmarinsaftel servieren.

Die kleinen, nur für kurze Zeit im Frühling erhältlichen Babyartischocken sind ein Genuss für sich!

Gebratene Kalbsleber
mit Boskop-Apfel und Rosmarin-Jus

Äpfel

2 Boskop-Äpfel

3 EL Zucker

¼ l Weißwein

Saft von ½ Zitrone

Kalbsleber

4 Scheiben Kalbsleber à 120–150 g

Mehl zum Bestäuben

3 EL Butter

Salz, frisch gemahlener Pfeffer

Rosmarin-Jus

200 ml dunkler Kalbsfond

50 ml roter Portwein

1 Zweig Rosmarin

1 Zweig Thymian

Beilage (nach Belieben)

Kartoffel-Blinis

(Rezept Seite 153)

Äpfel Die Früchte schälen, Kerngehäuse entfernen und in Scheiben schneiden. Zucker leicht karamellisieren, mit Weißwein und Zitronensaft ablöschen, Apfelscheiben darin weich dünsten.

Kalbsleber Die Leberscheiben mit etwas Mehl bestäuben, in Butter von jeder Seite etwa 3 Minuten braten. Erst dann salzen und pfeffern!

Rosmarin-Jus Den Kalbsfond mit Portwein, Rosmarin und Thymian etwas reduzierend einkochen, danach durch ein Sieb passieren.

Kalbsleber auf Teller legen, mit Apfelscheiben garnieren, mit Sauce beträufeln und mit Kartoffel-Blinis anrichten.

Boskop ist eine alte Apfelsorte aus der Steiermark mit unvergleichlicher süßlich-säuerlicher Geschmacksbalance.
Als Ersatz dafür kann man auch Golden Delicious verwenden.

Sautiertes Kalbsbries auf Spargel-Risotto
und leichter Koriandersauce

Koriandersauce

1 Schalotte, fein gehackt

1 EL Koriandersamen

Salz, frisch gemahlener Pfeffer

$\frac{1}{16}$ l trockener Weißwein

$\frac{1}{16}$ l Noilly Prat

$\frac{1}{2}$ l Geflügelfond (Rezept Seite 77)

$\frac{1}{4}$ l Obers (süße Sahne)

einige eiskalte Butterwürfel

Bries

4 Kalbsbriesstücke à 100 g

Salz, frisch gemahlener weißer Pfeffer

2 EL Butter

Risotto

3 EL Schalotten, fein gehackt

2 EL Olivenöl

300 g Risottoreis (z. B. Arborio)

1 Knoblauchzehe, fein gehackt

1 Thymianzweig

200 ml Weißwein

750 ml Geflügelfond (oder Kochfond von dem gegarten Spargel)

40 g kalte Butter

200 g gekochter Spargel

gehackte Kräuter (z. B. Petersilie, junger Spinat)

50 g frisch geriebener Parmesan

Koriandersauce Die Schalotte kurz in etwas Butter anschwitzen. Koriandersamen zugeben, mit Salz und Pfeffer würzen. Mit Wein und Noilly Prat aufgießen und einreduzieren lassen, bis der Alkohol verdampft ist. Geflügelfond und Obers zugeben und abermals auf die gewünschte Konsistenz reduzieren. Abschmecken, mit Butterwürfeln montieren und nochmals mit etwas Salz und Pfeffer würzen.

Bries Die Kalbsbriesstücke für kurze Zeit in fließendes kaltes Wasser legen, danach gut trocken tupfen. Bries in Röschen teilen und sorgfältig von sämtlichen Hautresten befreien. Mit Salz und Pfeffer würzen und rundum in heißer Butter 5 bis 6 Minuten goldbraun braten.

Risotto Die Schalotten in Olivenöl glasig dünsten. Reis einstreuen und unter permanentem Schwenken der Pfanne glasig werden lassen. Mit Salz, Pfeffer, Knoblauch und Thymian würzen. Mit dem gut erwärmten Weißwein aufgießen und unter mehrmaligem Umrühren einreduzieren lassen. Salzen, nach und nach mit dem warmen Geflügel- oder Spargelfond aufgießen, zwischendurch immer wieder einreduzieren lassen. Diesen Vorgang so lange wiederholen, bis der Risottoreis schön kernig ist. Zum Schluss den Spargel, die fein geschnittenen Kräuter und den Parmesan unterrühren.

Den Risotto anrichten, die Briesstücke darauf setzen und mit Koriandersauce beträufeln.

Der Risotto lässt sich wunderbar vorbereiten: einfach Risottoreis zu etwa drei Viertel garen und danach auf einen Teller streichen. Vor dem Servieren in wenigen Minuten fertig kochen und mit Spargel, Kräutern, Butter und Parmesan vollenden.

Unter der Haut gefülltes Huhn
mit geschmorten Tomaten, Pilzen und Bauernkartoffeln

Schmorgemüse

1 Karotte

¼ Sellerieknolle

2 kleine Schalotten

Fülle

2 EL gehackte Petersilie

100 g Topfen (Quark), 20 % Fett i. Tr.,

passiert und gut ausgedrückt

1 Knoblauchzehe, klein gehackt

5 Champignons, kleinwürfelig

geschnitten

50 g roher Schinken, kleinwürfelig

geschnitten

Salz, frisch gemahlener Pfeffer

Huhn

1 küchenfertiges Brathuhn

3 EL Olivenöl

500 ml Geflügelfond

(Rezept Seite 77)

5 Tomaten, enthäutet, entkernt und

in Spalten geschnitten

8 Frühlingszwiebeln

150 g Pilze (Wild- oder Zuchtpilze,

je nach Saison)

Bauernkartoffeln

500 g junge Kartoffeln

4 EL Olivenöl

1 Zweig Thymian

1 Zweig Rosmarin

1 Zehe Knoblauch

Salz, frisch gemahlener Pfeffer

Schmorgemüse Sämtliche Zutaten schälen und in Würfel schneiden.

Fülle Alle Zutaten vermischen, mit Salz und Pfeffer abschmecken.

Huhn Die Haut vorsichtig vom Fleisch ablösen. (Wichtig: Die Haut muss unverletzt bleiben!) Die Fülle in einen Dressiersack füllen und die Masse damit zwischen Fleisch und Haut spritzen. Das Huhn rundum in heißem Olivenöl anbraten. Das geschnittene Gemüse dazugeben, mit Geflügelfond aufgießen. In dem auf 180 °C vorgeheizten Backofen 45 Minuten schmoren.

Danach Tomaten, Frühlingszwiebeln und die geschnittenen Pilze zugeben, nochmals 15 Minuten schmoren lassen.

Bauernkartoffeln Kartoffeln schälen und in Viertel schneiden. In einer Pfanne Olivenöl erhitzen, Kartoffeln darin anbraten. Rosmarin, Thymian und Knoblauch dazugeben, im 180 °C heißen Backofen 10 bis 15 Minuten garen. Mit Salz und Pfeffer würzen.

Das Huhn in der Kasserolle mit Pilzen, Tomaten und Bauernkartoffeln servieren.

Das Rezept klingt schwieriger, als es ist. Mit ein wenig Fingerspitzengefühl lässt sich die Haut ganz leicht vom Fleisch ablösen.

Kalbsrücken im Ganzen gebraten
mit Bauernkartoffeln und Morcheln

(Für 4–6 Personen)

1 ½ kg Kalbsrücken am Knochen
(mit ausgelöstem Grat)

Salz, frisch gemahlener Pfeffer

4 EL Butter

Salz, frisch gemahlener schwarzer Pfeffer

4 Zweige Rosmarin

100 g gesalzene Butter

frisch gehackte Kräuter
(nach Belieben)

500 ml Kalbsfond (zum Aufgießen
des Bratenrückstands)

Bauernkartoffeln

4 große mehlige Kartoffeln

1 Zweig Thymian

1 Zweig Rosmarin

Öl zum Braten

Salz, frisch gemahlener Pfeffer

Morcheln

300 g Morcheln

10–15 Kirschtomaten

2 EL Butter

Salz, Pfeffer

Das Fleisch salzen und pfeffern. In einer Pfanne Butter nussbraun erhitzen und den Kalbsrücken darin mit frischen Rosmarinzweigen rundum kräftig anbraten. Anschließend das Fleisch auf einen Rost in den Backofen legen. Ein Blech darunter schieben und in die Mitte des Fleischstücks ein Fleischthermometer stecken, um die Kerntemperatur exakt zu messen.

Das Fleisch 7 bis 8 Stunden bei 68 °C braten. Wichtig bei dieser Methode des Niedertemperaturgarens ist, dass die Temperatur exakt eingehalten wird, weil das Fleisch sonst viel zu rasch gart. Im Idealfall ist es im Inneren saftig rosa.

Vor dem Servieren in einer Pfanne gesalzene Butter aufschäumen (auf Wunsch frisch gehackte Kräuter beifügen). Das Fleisch hineinlegen und einige Minuten immer wieder mit Butter übergießen. Anschließend herausnehmen und die Butter abgießen. Den Bratenrückstand mit Kalbsfond aufgießen, einkochen lassen und abseihen. Sauce mit kalter Butter montieren und nochmals mit Salz und Pfeffer abschmecken.

Bauernkartoffeln Kartoffeln schälen und vierteln und mit Thymian und Rosmarin in Öl rundum goldbraun braten. Mit Salz und Pfeffer würzen. Im Backofen bei 160 °C fertig garen.

Morcheln Pilze putzen und waschen. Zusammen mit den Tomaten in etwas Butter sautieren, mit Salz und Pfeffer würzen.

Kalbsrücken in Scheiben schneiden, auf Tellern mit den Bauernkartoffeln und den Morchel anrichten. Das Fleisch mit der Sauce beträufeln.

Ein perfektes Gericht, wenn man mehrere Gäste erwartet: Bei einer Temperatur von 68 °C im Backofen kann der Braten problemlos lange warm gehalten werden.

»Ich war in der Jugend alt und werde im Alter zwar nicht jünger, aber ich bekomme jetzt erst sehr viel an Qualität.«

Das schönste Geschenk, das man mir machen könnte? Drück mir ein Ticket nach New York oder Rom in die Hand, und ich darf dort eine Woche lang ganz alleine tun und lassen, was ich will. Durch meinen Beruf muss leider alles andere ein wenig zurückstehen. Das ist einerseits schade, andererseits wird man ja auch mit entsprechenden Erfolgserlebnissen entschädigt. Stress als Alltagsbegleiter ist leider eine Selbstverständlichkeit geworden. Wenn du fünf Tage im Restaurant stehst, dann sind die zwei freien Tage das Minimum an Erholung. Am Montag schlafe ich dann bis halb zehn Uhr, gehe frühstücken und dann ins Büro, arbeite alles auf, was die ganze Woche über liegen geblieben ist. Das dauert bis zum späten Nachmittag. Dann vielleicht etwas essen, und der Montag ist schon weg. Am Dienstag dann zur Kosmetik und zum Friseur. Dann mache ich noch Modern Dance. Und gleichzeitig ist man mit dem Kopf schon wieder beim bevorstehenden Neustart des Restaurants am Mittwoch. Ich freue mich dann auch schon wieder aufs Kochen!

Im Paris der sechziger Jahre habe ich Jazz und Blues lieben gelernt. Ich kann bei Musik wunderbar entspannen. Oft gehe ich um Mitternacht nach der Arbeit in die Wohnung hinauf und höre Norah Jones. Ganz laut. Dazu trinke ich ein gutes Glas Wein und dann mache ich noch meine Modern-Dance-Übungen. Dann geht es mir gut.

Religion ist für mich ein essenzieller Lebensbestandteil. Ich habe oft das Gefühl, dass Gott in mir ist. Und wenn Gott in mir ist, in meiner Person ist, dann kann ich sehr viel Gutes für mich selbst und für andere tun. Und ich weiß auch, wenn er sich von mir entfernt. Dann sagt er: »So, Johanna, jetzt warst du aber schon ein wenig zu wild, jetzt verlass ich dich.«
   In die Kirche gehe ich aber eher nicht ... Ich finde Gott mehr draußen in der Natur.

Mein Fitnessprogramm am Nachmittag ist komplex: Yoga mache ich seit vielen Jahren. Das hat mir Kraft und Selbstsicherheit gegeben. Ich muss für meinen Körper wie auch für meine Seele etwas tun. Darum eine Stunde Entspannung und dann eine Stunde langsam laufen oder Rad fahren. Danach habe ich dann die optimale Kraft für den Abend.

Neben der inneren Reinigung ist natürlich auch die äußere essenziell. Und Letztere hat verblüffend viel mit kulinarischen Ingredienzien zu tun: Thymianöl hat eine desinfizierende Wirkung. Darum setze ich regelmäßig ein geschmacklich eher neutrales Olivenöl mit Thymian an, lasse das einige Wochen durchziehen. Ich verwende das Öl nicht nur z. B. zum Gratinieren von Lamm, sondern auch für mediterrane Gemüsegerichte und Salate.

Das Öl taugt auch zur Desinfektion des Körpers: Ich nenne das »Öl ziehen«. Ich mache das seit einigen Jahren täglich 10 Minuten am Morgen und habe seither kein Zahnfleischbluten und schöne weiße Zähne. Ziehen bedeutet, dass man den Mund 10 Minuten lang gründlich mit etwas Öl ausspült. Das Öl wird dann ganz weißlich wie eine Milch und darf erst dann ausgespuckt werden. So werden Mund und Rachen gründlich desinfiziert. Ich habe auf diese Weise sogar einen ziemlich maroden Zahn geheilt.

Wenn man die Haut mit Sesamöl einreibt, reinigt und pflegt das die Haut. Gut ist es auch fürs Haar, wenn man eine Packung mit Sesamöl macht. 10 bis 20 Minuten einwirken lassen. Das hilft auch, wenn man lästiges Kopfhautjucken vom Stress hat. Ich mache das ein Mal die Woche. Gegen gereizte und trockene Haut vermischt man einen Teil Obers und Topfen, lässt das 20 Minuten einwirken.

Das ist nicht nur wohltuend – hinterher ist auch die Haut ein Traum!

Mit mir selbst eins werden,
um für andere da sein zu können.

»Nach einem guten Essen soll man sich noch lieben können.«

Gewichtsprobleme waren bei mir noch nie ein Thema. Wahrscheinlich hängt es mit meiner Küche zusammen, denn alle Gäste bestätigen, dass man selbst nach einem ausgiebigen Abendmenü recht unbeschwert zu Bett geht und am nächsten Tag beim Frühstück wieder herzhaft zulangt.

Wie das Essen leichter und bekömmlicher wird, ist meiner Meinung nach sehr einfach zu bewerkstelligen: Man muss auf Top-Frische bei den Produkten achten und entsprechend sorgfältig mit ihnen umgehen. Die Natur ist zum Beispiel bei gereiften Früchten so perfekt, dass man gar nichts mehr dazutun muss. Besonders im Sommer sind Desserts so leicht zuzubereiten: schönes Obst, frische Minze, eventuell etwas Champagner und Eis. Was will man mehr …

Die Gerichte aus der Kindheit haben meinen Geschmack nicht nachhaltig geprägt: Meine Oma hatte die Gabe, mit ganz einfachen Produkten einen großartigen Geschmack zu erzielen. Wenn sie zum Beispiel einen Beerenschmarren gemacht hat. Oder einen Germkuchen. Dazu kommt, dass es ohnehin schwer ist, den Geschmack eines Kindes zu treffen. Aber unsere Oma war in dieser Hinsicht ein Genie. Selbst habe ich diese Gerichte nie ernsthaft nachzuvollziehen versucht. Das konnte nur sie und sonst niemand. Ich gehe meinen eigenen Weg und mag darum nichts auch nur im Ansatz kopieren.

Nach dem Kochen, wenn die Desserts zum größten Teil serviert wurden, gehe ich gerne ins Restaurant. Nur manchmal bin ich ganz einfach zu müde dafür. Wenn ich zu meinen Gästen gehe, dann unterhalte ich mich länger mit ihnen und setze mich mit ihnen auseinander. Ich bin keine Smalltalkerin.

Mich lieben die Frauen. Keine Frau sieht mich als Konkurrentin. Viele wissen, dass ich bescheiden aufgewachsen bin. Dass ich eine relativ schwere Jugend gehabt habe. Dass ich vier Kinder großgezogen habe, dass ich ein Leben lang nur gearbeitet und dann auch noch zur besten Köchin ernannt wurde. Das bewundern die Leute an mir. Und freuen sich mit mir.

Topfensoufflé

Angst davor, dass das Soufflé nicht hält? Wer sicher gehen will, gibt eine Messerspitze Stärkemehl in die Soufflémasse.

Butter und Zucker für die Formen
200 g Topfen (Quark),
20 % Fett i. Tr., passiert und
gut ausgedrückt
3 Eigelb
ausgekratztes Mark
von ½ Vanilleschote
3 Eiweiß
1 Prise Salz
60 g Zucker
Puderzucker zum Bestreuen

Souffléformen innen mit Butter bestreichen und mit Zucker ausstreuen. Den Topfen mit Eigelb und Vanillemark glatt rühren. Das Eiweiß mit einer Prise Salz und einem Drittel des Zuckers langsam aufschlagen. Den restlichen Zucker dazugeben, bis ein steifer Schnee entsteht. Zunächst nur ein Drittel dieser Masse unter die Topfencreme rühren, dann den Rest vorsichtig unterheben.

Die Soufflémasse in die vorbereiteten Formen füllen und in eine Pfanne stellen, deren Boden mit heißem Wasser bedeckt ist. Im Backrohr bei 180 °C etwa 20 Minuten garen.

Mit Puderzucker bestreut servieren.

Topfenknödel

30 g Butter
40 g Zucker
2 Eier
ausgekratztes Mark
von ½ Vanilleschote
etwas Zitronensaft
200 g Topfen, 20 % Fett i. Tr., passiert
und gut ausgedrückt
(siehe Seite 179)
140 g Weißbrotbrösel
Haselnussbrösel
50 g geriebene Haselnüsse
20 g Semmelbrösel
50 g Zucker

Butter mit Zucker, Eiern, Vanillemark und Zitronensaft schaumig rühren. Den Topfen nach und nach hinzufügen, am Schluss die Weißbrotbrösel unterheben. Aus dieser Masse Knödel formen, in leicht gesüßtem Wasser 10 Minuten köcheln lassen. Knödel aus dem Wasser nehmen, abtropfen lassen.

Haselnussbrösel Haselnüsse, Semmelbrösel und Zucker verrühren und auf einem Backblech im Backofen bei 160 °C goldgelb bräunen.

Die gegarten und gut abgetropften Knödel in den Haselnussbröseln wälzen.

Die Knödelmasse ist die perfekte Basis für jede Art von Fruchtknödel, wie etwa Marillen- oder Topfenknödel.

Topfenobers-Crêpe

Fülle

2 Eigelb

1 ganzes Ei

100 g Zucker

4 Blätter Gelatine

etwas Zitronensaft

200 g Topfen, 20 % Fett i. Tr.,

passiert und gut ausgedrückt

ausgekratztes Mark

von 1 Vanilleschote

400 g Obers (süße Sahne)

Crêpeteig

250 ml Milch

50 g Weizenmehl

3 Eier

Prise Zucker

Prise Salz

Öl zum Backen

Fülle Eigelbe, ganzes Ei und Zucker über einem Wasserbad aufschlagen und anschließend über Eiswürfeln kalt rühren. Gelatine in kaltem Wasser einweichen, ausdrücken und mit etwas Zitronensaft auflösen. Gelatine zusammen mit Topfen und Vanillemark unter die Eimasse rühren, in den Kühlschrank stellen. Obers cremig aufschlagen und unter die leicht gekühlte Topfenmasse heben.

Crêpeteig Milch und Mehl verquirlen und mit Eiern, Zucker und Salz zu einem dünnflüssigen Teig verrühren. Diesen etwas ruhen lassen und anschließend in einer Pfanne mit etwas Öl dünne Crêpes backen.

Die ausgekühlten Crêpes mit der Topfenoberscreme füllen, einrollen und portionieren.

Sauerrahmeis

500 g Sauerrahm

2 EL Milchpulver

(aus dem Reformhaus)

100 g Puderzucker

Saft von 2 Zitronen

Sämtliche Zutaten in einer Schüssel gut verrühren, 30 Minuten stehen und etwas quellen lassen. Die Masse durch ein feines Sieb passieren und in der Eismaschine gefrieren lassen.

Essenziell für sämtliche Gerichte mit Topfen:
Dieser muss optimal trocken sein! Dafür lässt man ihn in einem
mit einem Tuch ausgekleideten Spitzsieb über Nacht abtropfen.

Mohnknödel
mit Vanille-Sabayon

Mohnfülle

100 g gemahlener Mohn

35 g Zucker

1 EL Honig

1 Spritzer Rum

60 g dunkle Biskuitbrösel

75 ml Milch, lauwarm

2 EL zerlassene Bitterschokolade

Mark von ¼ Vanilleschote

Knödelteig

10 g Butter

1 Ei

1 Eigelb

40 g Zucker

300 g Topfen, 20 % Fett i. Tr., passiert
und gut ausgedrückt

Zitronensaft

ausgekratztes Mark von

1 Vanilleschote

Prise Salz

150 g Weißbrotbrösel

Vanille-Sabayon

6 Eigelb

50 g Zucker

250 ml Obers (süße Sahne)

Mark von ½ Vanilleschote

Servieren

etwas Mohn

Staubzucker

einige EL geschlagenes Obers

Fülle Den Mohn in einer Stielkasserolle unter ständigem Rühren anrösten, Zucker und Honig beigeben und leicht karamellisieren lassen. Mit etwas Rum ablöschen. Biskuitbrösel und Milch hinzufügen und leicht köcheln lassen bis eine festere Masse entsteht. Schokolade und Vanillemark dazugeben, alles gut durchmischen und auskühlen lassen. Aus der Masse mit angefeuchteten Händen Kugeln von ca. 15 mm Durchmesser formen und diese in das Tiefkühlgerät legen. (So kann man dann später ganz leicht die Knödel formen.)

Knödelteig Butter, Eier und Zucker schaumig rühren, nach und nach den Topfen dazugeben. Zitronensaft, Vanillemark und Salz hinzufügen und mit der Hand locker die Weißbrotbrösel unterheben. Die Masse in den Kühlschrank stellen. Anschließend Knödel formen, die man jeweils mit einer der vorbereiteten Mohnkugeln füllt.

In einem Topf Wasser mit etwas Zucker aufkochen, die Knödel hineingeben und leicht wallend 15 Minuten garen. Danach herausnehmen und abtropfen lassen. Währenddessen die Vanille-Sabayon zubereiten.

Vanille-Sabayon Eigelb und Zucker schaumig aufschlagen. Obers mit dem Mark der Vanilleschote aufkochen, die Hitze reduzieren und die aufgeschlagene Eimasse mit einem Schneebesen einrühren. So lange weiterrühren, bis sich eine sämige Konsistenz ergibt. Anschließend durch ein Sieb passieren.

Servieren Mohn und Staubzucker in einer Küchenmaschine fein reiben. Die abgetropften Knödel darin wälzen. Unter die Vanille-Sabayon noch etwas leicht geschlagenes Obers ziehen und die Mohnknödel darauf anrichten.

Statt mit Mohn kann man die Knödel auch mit Nüssen oder Nougat füllen.
Vorbereitet, lassen sie sich problemlos einfrieren.
Die gefrorenen Knödel dann direkt ins leicht siedende Wasser
geben und einige Minuten länger als üblich garen.

Helle und dunkle Schokoladen-Mousse
mit karamellisierten Haselnüssen

1 Eigelb
1 ganzes Ei
75 g Zartbitterschokolade
(Kakaogehalt 40–50 %)
25 g Vollmilchschokolade
100 g weiße Schokolade
300 g Obers (süße Sahne)
2 EL Kristallzucker
einige geschälte Haselnüsse

Ei und Eigelb in einer Rührschüssel über einem warmen Wasserbad schaumig schlagen. Zartbitter- und Vollmilch- schokolade zusammen in einer Schüssel erwärmen, die weiße Schokolade separat in einem anderen Gefäß.

Jeweils die Hälfte der Eimasse mit dem Schneebesen unter die verschiedenen Schokoladenmassen rühren. Das Obers cremig aufschlagen, in zwei Portionen teilen und damit ebenso verfahren. Dunkle Schokoladen-Mousse in Gläser füllen, kurz kalt stellen und anschließend mit heller Mousse auffüllen.

Kristallzucker in einer Stielkasserolle karamellisieren und die Haselnüsse darin wenden. Haselnüsse mit einer Gabel auf ein Backpapier legen und dort auskühlen lassen.

Helle und dunkle Schokoladen-Mousse mit den karamel- lisierten Haselnüssen anrichten.

Hier ist Feingefühl angesagt! Die flüssige erwärmte Schokoladenmasse und das cremig aufgeschlagene Obers müssen sich zu einer möglichst homogenen Masse vereinigen.

Souffliertes Rhabarbertörtchen

(Für 6 Personen)

Mürbteig

300 g Mehl

200 g Butter

100 g Puderzucker

etwas Vanille

Zitronensaft

Rhabarberbelag

1 kg Rhabarber

ausgekratztes Mark

von 1 Vanilleschote

100 g Zucker

200 g Himbeermark

Soufflé-Masse

200 g Topfen (Quark), 20 % Fett i. Tr.,

passiert und gut ausgedrückt

3 Eigelb

5 Eiweiß

120 g Zucker

Mürbteig Alle Zutaten rasch zu einem glatten Teig kneten und mindestens 1 Stunde (noch besser über Nacht) im Kühlschrank ruhen lassen. Den Teig 2 mm dick ausrollen, Kreise mit einem Durchmesser von etwa 11 cm ausstechen und der Größe entsprechende Formen damit auslegen.

Den Boden mehrmals mit einer Gabel anstechen und im 160 °C heißen Backrohr goldgelb backen.

Rhabarberbelag Rhabarber schälen, in kleine Stücke schneiden und in einer Schüssel beiseite stellen. Vanillemark in einem kleinen Gefäß mit Zucker und Himbeermark vermengen und über dem Rhabarber verteilen.

Einen Tag im Kühlschrank marinieren lassen. Anschließend bei schwacher Hitze garen.

Soufflé-Masse Topfen und Eigelb schaumig rühren. Das mit Kristallzucker aufgeschlagene Eiweiß unterheben. Den vorbereiteten Rhabarber in einem Sieb abtropfen lassen und in die Förmchen mit dem gebackenen Mürbteig füllen.

Mit Soufflemasse bedecken und bei 170 °C ca. 17 Minuten backen.

Verwenden Sie für dieses Rezept möglichst den ganz jungen, rosafarbigen Rhabarber. Er verleiht dem Törtchen eine fruchtig-frische Säure. Den Mürbteig unbedingt mehrmals mit einer Gabel anstechen, weil er sich sonst aufbläht. Dieser Teig eignet sich auch zum Einfrieren und ist tiefgekühlt problemlos bis zu drei Monaten haltbar.

Kastanien-Obers-Törtchen

Sacher-Biskuit

170 g zimmerwarme Butter

120 g Puderzucker

7 Eier, getrennt in Eigelb und Eiweiß

170 g dunkle Schokolade,
im Wasserbad geschmolzen

120 g Kristallzucker

150 g glattes Mehl, gesiebt

Butter und Mehl für die Form

Ribiselmarmelade
(Johannisbeerkonfitüre)

Karamellkastanien

etwas Kristallzucker

einige gekochte Kastanien

Kastanien-Mousse

120 g Kastanienpüree

30 g Läuterzucker

Rum

1 Blatt Gelatine

150 g Obers (süße Sahne)

Zum Verzieren

Obers, steif geschlagen
und leicht gesüßt

Sacher-Biskuit Butter und Puderzucker schaumig rühren, das Eigelb dazugeben und die geschmolzene Schokolade unterrühren. Das Eiweiß mit Kristallzucker aufschlagen, unter die Dottermasse heben und danach das gesiebte Mehl unterrühren. In eine gebutterte und bemehlte Torten-form füllen und im Backofen bei 160 °C ca. 45 Minuten backen.

Die ausgekühlte Torte in 4 Schichten schneiden und dünn mit Ribiselmarmelade bestreichen. Kreise von 6 cm Durchmesser ausstechen und in ebenso breite Förmchen legen.

Karamellkastanien Kristallzucker in einer Stielkasserolle karamellisieren lassen. Die gekochten, gut ausgekühlten Kastanien darin schwenken.

Kastanien-Mousse Kastanienpüree mit Läuterzucker, Rum sowie der in wenig Wasser aufgelösten Gelatine verrühren und durch ein Sieb passieren. Das cremig aufgeschlagene Obers unterheben. Die Hälfte der Mousse in die vorberei-teten Förmchen füllen, eine weitere Biskuitschicht einle-gen und mit der restlichen Mousse füllen. Für 2 bis 3 Stun-den in den Kühlschrank stellen.

Zum Servieren aus den Förmchen lösen, mit gesüßtem Obers einstreichen und mit den Karamellkastanien garnie-ren.

Die Biskuitmasse eignet sich auch gut zur Herstellung einer Torte.

Beerenschmarrn

250 g Topfen (Quark), 20 % Fett i. Tr.
90 g Zucker
25 g Stärkemehl
2 ganze Eier
1 Schuss Rum
1 EL Zitronensaft
6 Eiweiß
1–2 EL Butter
250 g gemischte Waldbeeren

Topfen, 30 g Zucker, Stärkemehl und die beiden Eier verrühren, mit Rum und Zitronensaft abschmecken.

Das Eiweiß mit 60 g Zucker zu einer steifen Masse schlagen und unter die Topfenmasse heben. Etwas Butter in einer Pfanne erhitzen, die Masse hineingeben und kurz anbacken. Die Waldbeeren darüber streuen und im Backrohr bei 170 °C etwa 15 Minuten backen.

Das Lieblingsgericht meiner Familie. Luftiger kann ein Schmarrn nicht sein.

Kardinalschnitte

Eiweißmasse

250 g Eiweiß

100 g Zucker

Biskuitmasse

2 Eier

1 Eigelb

50 g Zucker

50 g Mehl

1 TL Vanillezucker

Kaffeeobers

500 ml Obers (süße Sahne)

100 g Puderzucker

etwas Rum

2 Blätter Gelatine

etwas starker kalter Espresso

Eiweißmasse Das Eiweiß mit dem Zucker zu Schnee schlagen.

Biskuitmasse Ganze Eier, Eigelb, Zucker und Vanillezucker schaumig rühren, erst zum Schluss das Mehl gut einarbeiten.

Auf zwei Lagen Backpapier je 3 Streifen Eiweißmasse in gleichen Abständen durch eine große Lochtülle aufdressieren. Innerhalb dieser 3 Streifen jeweils einen Streifen Biskuitmasse auftragen. Im Backofen bei 170 °C Ober- und Unterhitze 12 bis 15 Minuten backen. Auskühlen lassen und das Papier abziehen.

Kaffeeobers Obers mit Zucker cremig schlagen, die in etwas Rum aufgelöste Gelatine unterrühren und mit Kaffee abschmecken.

Eine der beiden gebackenen Teiglagen als Unterschicht verwenden. Kaffeeobers auftragen und mit der zweiten Teiglage abdecken.

Optimal bäckt die Schnittenmasse, wenn man durch Einklemmen eines Kochlöffels in die Backofentür dafür sorgt, dass dieser nicht komplett geschlossen ist. Die einströmende Luft stellt sicher, dass die Eiweißmasse schön aufgeht.

Biskuitmasse für Torten und Schnitten

5 Eier

150 g Kristallzucker

ausgekratztes Mark

von 1 Vanilleschote

Salz

1 EL Zitronensaft

80 g glattes Mehl

80 g Weizenmehl

70 g zerlassene Butter

Butter und Mehl für die Form

Eier und Zucker mit Vanille, Salz und Zitronensaft so lange schaumig schlagen, bis die Masse nicht mehr an Volumen gewinnt. Mit dem Schneebesen zuerst das Mehl, dann auch die Butter einrühren. In eine gefettete, bemehlte Tortenform füllen und im Backofen bei 170 °C etwa 35 Minuten backen.

Die folgende Biskuitmasse lässt sich vielfältig verwenden, zum Beispiel für Passionsfruchttörtchen (Rezept Seite 206)

Eingelegte Preiselbeeren

1 kg frische Preiselbeeren

750 g Kristallzucker

40 ml Preiselbeerbrand

ausgekratztes Mark

von 1 Vanilleschote

Die Beeren und den Zucker in der Küchenmaschine so lange langsam rühren, bis sich der Zucker vollständig aufgelöst hat. (Dies dauert etwa 3 Stunden.)

Mit Fruchtschnaps und Vanillemark abschmecken.

In saubere, heiß ausgespülte Marmeladegläser füllen und gut verschließen.

Himbeermarmelade
mit Estragon

1 kg vollreife Himbeeren

500 g Gelierzucker

5 EL Zitronensaft

5 EL Estragon

(in feine Streifen geschnitten)

Alle Zutaten gut miteinander vermischen. Die marinierten Himbeeren vor dem Zubereiten für 2 bis 3 Stunden im Kühlschrank gut durchziehen lassen.

Himbeeren in einem Topf 3 bis 5 Minuten unter ständigem Rühren köcheln lassen.

In heiß ausgewaschene Marmeladengläser füllen und gut verschlossen kühl lagern.

Marillen-Ingwer-Marmelade

1 kg Marillen (Aprikosen)
500 g Gelierzucker
1 EL Zitronensaft
1 TL Ingwer, geschält
und fein geschnitten

Die Marillen waschen, entsteinen und halbieren. Mit den restlichen Zutaten aufkochen lassen. Etwa 3 bis 5 Minuten unter ständigem Umrühren sanft köcheln lassen.

In heiß ausgewaschene Marmeladengläser füllen und gut verschließen.

Marillenmarmelade
mit Zitronengras

5 Stangen Zitronengras
1 kg Marillen (Aprikosen)
500 g Gelierzucker
1 EL Zitronensaft
8 cl Rum
1 Vanilleschote

Die äußerste Schale vom Zitronengras entfernen und die Stangen weich klopfen, damit sich die ätherischen Öle voll entfalten können. Danach in feine Streifen schneiden. Die entkernten und halbierten Marillen mit dem Gelierzucker und den übrigen Zutaten 24 Stunden lang kühl marinieren. Anschließend aufkochen und 4 Minuten köcheln lassen.

In heiß ausgewaschene Marmeladengläser füllen und gut verschließen.

So viel Chauvinismus muss sein:
Mit Wachauer Marillen schmeckt die Marmelade am besten!

Marillenröster

1 kg reife Marillen (Aprikosen)

200 g Zucker

250 ml Wasser

Saft von 1 Zitrone

ausgekratztes Mark von

1 Vanilleschote

$\frac{1}{8}$ l süßlicher Weißwein

4 cl Marillenlikör oder Rum

eingelegte Kirschen

zum Garnieren

Die Marillen halbieren und entsteinen. Den Zucker in einer Eisenpfanne karamellisieren lassen, mit Weißwein ablöschen, mit Wasser und Zitronensaft aufgießen. Das Vanillemark dazugeben. Marillenhälften einlegen und weich dünsten. Mit Marillenlikör oder Rum abschmecken. Mit marinierten Kirschen garniert anrichten.

Die ideale Beilage zu Schmarrn und Topfenknödeln. Sie können die Marillen jedoch auch zu Gänseleber oder geschmorter Ente servieren.

Schokospitz
mit Eierlikör-Parfait und Kaffeeobers-Mousse

Zur Vorbereitung
etwas Kuvertüre

1 Eierkarton

Backpapier

Eierlikör-Parfait
3 Eigelb

1 ganzes Ei

100 g Zucker

1 Blatt Gelatine, in wenig
Wasser eingeweicht

300 g Obers (süße Sahne),
steif geschlagen

etwas Vanille

ein Schuss Eierlikör, etwas Rum

Sacher-Biskuit
(Rezept Seite 187)

Kaffeeobers-Mousse
1 ganzes Ei

1 Eigelb

200 g Mokkaschokolade

1 Blatt Gelatine, aufgelöst
in 4 cl starkem Espresso

250 g Obers, steif geschlagen

Zum Glasieren
200 g Kuvertüre

Vorbereitung In den Eierkarton kleine Löcher stechen oder schneiden. Für die Schokospitzen aus Backpapier dreieckige Schablonen schneiden und diese dünn mit geschmolzener Kuvertüre bestreichen. Diese Dreiecke zu Spitzformen drehen und jeweils mit der Spitze in die Löcher des Eierkartons stecken. Im Tiefkühlgerät gefrieren lassen.

Eierlikör-Parfait Eigelb und Ei mit dem Zucker über einem Wasserbad warm aufschlagen. Anschließend kalt schlagen und die aufgelöste Gelatine dazugeben. Das cremig aufgeschlagene Obers und Vanille darunter heben, mit Eierlikör und Rum abschmecken. Das Eierlikör-Parfait in die vorbereiteten Schokoladenspitzen füllen und tiefkühlen.

In der Zwischenzeit einen Sacher-Biskuit nach Rezept vorbereiten und abkühlen lassen.

Kaffeeobers-Mousse Ei und Eigelb über einem warmen Wasserbad schaumig schlagen. Die Mokkaschokolade in einer Schüssel erwärmen und die Eimasse mit dem Schneebesen darunter rühren. Die in Espresso aufgelöste Gelatine unterrühren, zuletzt das steife Obers unterheben. In Halbkugelformen füllen und kalt stellen.

Anschließend mit dunklem Biskuitteig abdecken, stürzen und mit Kuvertüre glasieren.

Keine Angst vor dem Formen der Schokospitzen.
Wer den Trick kennt, tut sich dabei ganz leicht.

Erdbeer-Joghurt-Törtchen

Erdbeer-Mousse

4 Blätter Gelatine,
in Wasser eingeweicht
200 g Erdbeeren, püriert und passiert
50 g Crème fraîche
Saft von 1 Zitrone
etwas Erdbeerlikör
250 g Obers (süße Sahne)
80 g Puderzucker

Joghurt-Mousse

200 g Vollmilchjoghurt
Saft von 1 Zitrone
80 g Puderzucker
4 Blatt Gelatine,
in Wasser eingeweicht
250 g Obers (süße Sahne)
1 Eiweiß
30 g Kristallzucker

Erdbeer-Mousse Gelatine in wenig Wasser auflösen. Erdbeerpüree, Crème fraîche mit der aufgelösten Gelatine verrühren und erwärmen. Zitronensaft und Erdbeerlikör unterrühren und etwas abkühlen lassen. Das Obers cremig aufschlagen und vorsichtig unter die Erdbeermasse heben. In Portionsförmchen füllen und in den Kühlschrank stellen.

Joghurt-Mousse Joghurt, Zitronensaft und Staubzucker verrühren. Gelatine in kaltem Wasser einweichen, ausdrücken und in etwas Obers auflösen, danach unter die Joghurtmasse rühren. Eiweiß mit Zucker zu Schnee schlagen und zusammen mit dem cremig geschlagenen Obers unter die Joghurtmasse heben.

Auf die überkühlte Erdbeer-Mousse füllen und bis zum Servieren in den Kühlschrank stellen.

Je nach Saison kann man die Törtchen auch mit anderen Früchten wie Marillen, Zwetschken oder Preiselbeeren zubereiten.

Sorbet vom grünen Apfel

Durch Beigabe von Ingwer und Zitronengras erhält man
ein faszinierendes Apfelaroma.

ein Stück frische Ingwerwurzel,
ca. 2 cm

5 Stängel Zitronengras

1 kg Granny-Smith-Äpfel

2 EL Glukose

Saft von 2 Zitronen

Ingwer schälen, vom Zitronengras die äußerste Schicht
und sämtliche harten Teile entfernen. Äpfel, Ingwer und
Zitronengras mit einer Fruchtpresse entsaften. Glukose mit
dem Zitronensaft erwärmen und zu dem Apfel-Ingwer-Saft
geben. Im Tiefkühlgerät möglichst rasch gefrieren lassen,
da das Sorbet sonst an Farbe verliert.

Nach kurzer Gefrierzeit das Sorbet mit einer Gabel
durchrühren, damit es eine leichtere Konsistenz und mehr
Geschmack gewinnt.

Passionsfrucht-Sorbet

Falls die Passionsfrüchte beim Kauf noch hart und unreif
sein sollten, stellt man sie am besten ein bis zwei Tage an
einen warmen Ort, damit sie nachreifen und ihr Aroma
voll entfalten können.

1 kg frische Passionsfrüchte

500 ml kohlensäurehaltiges
Mineralwasser

100 g Zucker

50 g Glukose

Saft von 3 Zitronen

Die Passionsfrüchte halbieren und aushöhlen. Fruchtfleisch mit Mineralwasser und Zucker aufkochen. Die Flüssigkeit im Kühlschrank 1 Tag lang durchziehen lassen, anschließend durch ein Sieb passieren. Glukose mit dem
Zitronensaft erwärmen und in den Saft einrühren. Im Tiefkühlgerät gefrieren lassen.

Himbeersorbet

Zur Not kann man dieses Sorbet auch mit Tiefkühlware
zubereiten – frische Himbeeren sind jedoch unübertrefflich.

50 g Glukose, 150 g Zucker

ein Stück frische Ingwerwurzel,

ca. 2 cm, geschält, Saft von 2 Zitronen

500 g Himbeeren, püriert

ausgekratztes Mark von 1 Vanilleschote

Glukose, Zucker, Ingwer und Zitronensaft erwärmen, abkühlen lassen und das Himbeerpüree dazugeben. 3 bis 4 Stunden gekühlt marinieren lassen. Anschließend den Ingwer
herausnehmen, das Vanillemark zugeben und die Masse
durch ein Sieb passieren. Im Tiefkühlgerät gefrieren lassen.

Crème Brûlée
mit marinierten Marillen

(Für 4–6 Personen)

Marinierte Marillen

2 EL Zucker

125 ml frisch gepresster Orangensaft

50 ml Marillenlikör

300 g saftige Marillen (Aprikosen),
halbiert und entsteint

1 Mokkalöffel Ingwer,
fein geschnitten

ausgekratztes Mark
von $\frac{1}{8}$ Vanilleschote

Crème Brûlée

390 g Obers (süße Sahne)

135 g Milch

110 g Eigelb

50 g Zucker

ausgekratztes Mark
von 1 Vanilleschote

Marinierte Marillen Zucker karamellisieren, mit Orangensaft und Marillenlikör ablöschen, Marillenhälften einlegen. Ingwer und Vanillemark dazugeben und weich dünsten. Danach die Marillen herausnehmen und die Sauce auf die gewünschte Konsistenz reduzieren.

Crème Brûlée Sämtliche Zutaten verrühren, durch ein Sieb passieren und in Teller oder Soufflé-Formen füllen. Mit Klarsichtfolie abdecken und im Backofen bei 100 °C 40 Minuten pochieren (ohne Wasserbad!). Anschließend abkühlen lassen. Mit braunem Zucker bestreuen und diesen mit einem Gasbrenner (erhältlich in Baumärkten) oder bei starker Oberhitze goldgelb karamellisieren.

Der Unterschied zu anderen Rezepturen:
Meine Crème Brûlée geht ganz einfach und wird nicht im Wasserbad gegart.

Passionsfruchttörtchen

Mürbteig

150 g Weizenmehl

100 g Butter (zimmerwarm)

50 g Puderzucker

Biskuitmasse

(Rezept Seite 191)

Weiße Schokoladen-Mousse

1 ganzes Ei

1 Eigelb

1 ½ Blätter Gelatine

150 g weiße Schokolade, geschmolzen

250 g Obers (süße Sahne),

steif geschlagen

Passionsfrucht-Mousse

150 ml Passionsfruchtsaft (aus etwa

300–400 g Passionsfrüchten)

2 Blätter Gelatine,

in Wasser eingeweicht

20 g Puderzucker

10 ml Wodka

1 Eiweiß

30 g Zucker

125 ml Obers (süße Sahne),

steif geschlagen

Passionsfruchtgelee

150 ml Passionsfruchtsaft (aus etwa

300–400 g Passionsfrüchten)

2 Blätter Gelatine,

in Wasser eingeweicht

1 TL Puderzucker

Saft von 1 Zitrone

Mürbteig Sämtliche Zutaten rasch zu einem Teig verkneten. Der Teig ist sehr wärmeempfindlich, daher sollte man ihn im Kühlschrank bis zur weiteren Verwendung ruhen lassen. Anschließend 3 mm dick ausrollen und einen Kreis von 24 cm Durchmesser ausstechen. Den Teig mehrmals mit einer Gabel einstechen und im 160 °C heißen Backofen goldgelb backen.

Aus heller Biskuitmasse laut Rezept einen Tortenboden von 24 cm Durchmesser backen und auskühlen lassen.

Weiße Schokoladen-Mousse Das Ei mit dem Eigelb über einem Wasserbad warm aufschlagen. Die geschmolzene Schokolade dazugeben. Gelantine in kaltem Wasser einweichen, gut ausdrücken und in die Masse rühren. Kurz abkühlen lassen, danach das cremig geschlagene Obers unterheben.

Eine Tortenform mit dem gebackenen Mürbteig auslegen. Schokoladen-Mousse einfüllen und mit dem dünnen Biskuitboden abdecken. In den Kühlschrank kalt stellen.

Passionsfrucht-Mousse Zur Gewinnung des Passionsfruchtsaftes (für Mousse und Gelee!) die Früchte halbieren und das Fruchtfleisch mit dem Löffel auskratzen. Durch ein Sieb passieren, dabei die Kerne nicht verletzen, da der Saft sonst bitter wird. Eingeweichte Gelatine ausdrücken und in etwas Passionsfruchtsaft auflösen. Zusammen mit Puderzucker und Wodka unter den Rest des Saftes rühren. Eiweiß mit Zucker aufschlagen. Geschlagenes Obers unter den leicht angedickten Saft ziehen. Am Schluss den Eischnee unterheben und auf das Biskuit aufstreichen.

Passionsfruchtgelee Den Passionsfruchtsaft mit der eingeweichten Gelatine verrühren, mit Puderzucker und Zitronensaft abschmecken und über die gekühlte Torte gießen.

Eine Hommage an Prinz Montgomery, den Neffen des thailändischen Königs Bhumipol, bei dem ich im November 2002 gekocht habe. Das Fruchttörtchen hat ihm so gut geschmeckt, dass es seither ein fester Bestandteil auf unserer Speisekarte ist.

Marmorgugelhupf

Dieses Rezept stammt von meiner Oma.

200 g Butter (zimmerwarm)
8 Eier, getrennt in Eigelb
und Eiweiß
200 g Puderzucker
200 g Kristallzucker
230 g Weizenmehl
1 Schuss Rum
etwa 25 g Kakaopulver
Butter und Mehl für die Form

Butter, Eigelb und Puderzucker schaumig rühren. Eiweiß mit Kristallzucker zu Schnee schlagen und beide Massen vermischen. Das Mehl unterheben und mit einem Schuss Rum abschmecken. Ein Drittel der Masse abnehmen und durch Einrühren von Kakaopulver dunkel färben.

Die Massen schichtweise (hell – dunkel – hell) in eine gebutterte und bemehlte Gugelhupfform füllen. Im Backrohr bei 160 bis 170 °C 60 bis 75 Minuten backen.

Den gebackenen Marmorgugelhupf stürzen und in der Form auskühlen lassen.

»Das Schwierigste ist, seinen eigenen Stil zu finden.«

Gleichstand ist Rückschritt. An die zehn Mal haben wir Laufe der Jahre unser Restaurant umgebaut und immer wieder in die Infrastruktur investiert. Unsere »Hubertusstube« ist im dezenten Alpenstil eingerichtet: helles Holz, viele grüne Farbtöne. Der neue Wintergarten ist vielen unserer Stammgäste zum liebsten Raum geworden. Auch hier achte ich auf jedes Detail, wie etwa die Blumengestecke: Terminprobleme sind so natürlich immer wieder vorprogrammiert. Aber im Grunde mache ich es ehrlich gerne. Ich freue mich, wenn ich mich um möglichst viele Gäste kümmern kann. Darum bedanke ich mich auch bei den Gästen, dass sie zu mir nach Filzmoos gekommen sind und die weite Reise auf sich genommen haben. Wir haben ja ganz andere Zeiten erlebt, als wir zwei, fünf oder auch gar keine Gäste hatten.

Unsere Familie ist natürlich auch ein wenig ein Resultat unserer Umgebung. Schließlich kocht es sich in der großen Stadt anders als in Filzmoos. Zu mir kommt keiner, weil er schnell etwas essen will, weil er Hunger hat. Zu mir kommt jemand, um zu genießen, um einen Anlass zu begehen. Man isst bei mir auch nicht eineinhalb Stunden, bei mir sitzt und genießt man vier bis fünf Stunden. Das ist ja das Schöne daran, denn wenn jemand zu mir mit seinem Partner kommt, dann haben sie einmal ihren Tisch, ein schönes Ambiente, eine gewisse Ruhe – und sie sind ja fast gezwungen, sich mit dem Partner zu unterhalten. Das ist ein nicht zu unterschätzender Faktor in der heutigen Zeit, mit all den Mobiltelefonen oder einem permanent laufenden Fernseher. Viele Gäste bedanken sich bei mir für eine genussreiche Zeit mit guten Gesprächen, ganz ohne Störfaktoren. Die Entdeckung der Langsamkeit eben.

Die Erwartungshaltung meiner Gäste ist durch die Bewertungen der Restaurantführer inzwischen natürlich enorm: 90 Prozent der Gäste schlafen bei uns, bleiben ein bis zwei Tage und fahren dann weiter. Wenn die mich sehen, dann sagen manche: »Sie wissen schon, dass unsere Erwartungen sehr hoch sind. Sie wissen schon, was wir alles über Sie gelesen haben. Und Sie können sich daher vorstellen, was wir von Ihnen erwarten.«

Ich sage dann, dass ich mein Bestes geben werde. Anfangs war das für mich sehr belastend. Mittlerweile aber kann ich mit dem täglich sich neu aufbauenden Druck umgehen, weil ich mit den Anforderungen noch gewachsen bin. Weil ich noch besser geworden bin. Ich habe meinen Weg gefunden. Wenn ich meine Produkte so habe, wie ich mir das vorstelle, wenn ich genügend Zeit habe, dann habe ich keine Angst mehr. Früher hatte ich viel Angst. Jetzt bin ich sicher geworden.

Das Allerwichtigste in meinem Leben ist und bleibt aber die Familie. Mit allen Problemen und Freuden, die damit zu tun haben. Besonders die dreifache Herausforderung in Form von Partnerschaft, Kindern und Beruf war mitunter belastend. Ich habe mein eigenes Konzept gefunden. Allein zu sein ist für mich enorm wichtig. Um Kraft zu schöpfen, neue Energie zu tanken. Mit mir selbst eins zu werden, um für andere da sein zu können. Vor allem auch, um für meinen Mann Dietmar da zu sein. Ich sag immer: Das Allerschwierigste ist, das ganze Leben mit einem Menschen zusammen zu sein. Irgendwann einmal ist ja die Liebe, wie sie am Anfang besteht, vorbei. Aber wenn man eine gute Beziehung hat, dann sollte man eigentlich zufrieden sein. Der Dietmar und ich hatten immer eine sehr gute Zeit, wir haben so viel gemeinsam durchgestanden. Die gegenseitige Wertschätzung hat nie nachgelassen. Und man darf auch die Anwesenheit des Partners niemals als zu selbstverständlich erachten, sondern sollte sich immer wieder darüber freuen. Dass er da ist für einen. Dietmar macht diese Art der Spitzengastronomie im Grunde wohl nur meinetwegen, weil ich mir das so sehnlich erträumt habe und es dann auch wirklich geschafft habe.

Dietmar der Ältere Ehemann, Jahrgang 1949

Märchenhaft! Das ist das erste, was mit einfällt, wenn ich an unsere letzten gemeinsamen 30 Jahre denke. Rückblickend natürlich. Denn die Zeiten waren nicht immer leicht. Vor allem für Johanna nicht. Vier wunderbare Kinder hat sie zur Welt gebracht und liebevoll großgezogen. Daneben ist sie einfach ihren Weg gegangen. Ein Weg, der sie von einer ursprünglich »nur neugierigen« Köchin in den Küchen-Olymp geführt hat. Manch einer sagt jetzt vielleicht: Sie hat sich aufgeopfert. Wer Johanna kennt, der weiß aber, dass sie ihre Kraft daraus schöpft, anderen Menschen eine Stütze sein zu können, ihnen das Leben zu erleichtern und Genusswelten zu erschließen, die ihnen ohne ihr Wirken wohl für immer verborgen blieben. Denke ich jetzt zurück, dann sehe ich Johanna als unermüdlich wirkende Fee mit strahlenden Augen. Da fällt mir »Der kleine Prinz« von Antoine de Saint-Exupéry ein: Der saß auch da und schaute in den Himmel. Bis er eine wunderschöne Frau im weißen Kleid erblickte. Genau so fühle ich mich heute, wenn ich Johanna manchmal aus dem Augenwinkel bei der Arbeit beobachte. Dann denke ich mir: »Du tust schon wieder alles, was in deiner Kraft steht, um all deinen Gästen sämtliche Wünsche von den Augen abzulesen«. Wie es mir möglich ist, mit den Ansprüchen von Johanna Schritt zu halten, werden Sie jetzt fragen. Ganz einfach: Unterschätzen Sie nur nicht die Kraft der Liebe …

Simone, der blonde Engel Tochter, Jahrgang 1971

Wenn ich an meine Mutter denke, dann steigt mir unwillkürlich der Geruch von köstlich legierter Grießsuppe in die Nase – verfeinert mit geräuchertem Bauernspeck. Später wurde ihr das zu wenig. Plötzlich war legierte Grießsuppe nicht mehr chic. Die Ansprüche änderten sich und die Suppen wurden mit Galanga oder anderen tollen Gewürzen verfeinert. Als ich 20 wurde, ging ich nach New York. Eine völlig neue Welt erschloss sich da. Exotische Gerichte, verrückte Ideen – die kulinarischen Eindrücke überschlugen sich geradezu. Kurze Besuche daheim in Filzmoos erlaubten es mir immer wieder, Mutters neue Gerichte zu testen. Es war irgendwie unvorstellbar. Ich fragte mich immer wieder: »Wie schafft sie es nur, hier in Filzmoos so revolutionär zu kochen?«

Eines Tages sagte ich dann nach einem phänomenalen Abendessen von Johanna Maier – ich sage das ganz bewußt, weil ich an dieser Stelle nicht meine Mutter »protegieren« will – »Mama, du bist die beste Köchin der Welt«.

Sechs Jahre später haben das auch die Tester vom Gault Millau mit Amt und Siegel bestätigt. Sie ist die beste Köchin der Welt – und ein toller Mensch geblieben! Danke, Mama.

Tobias Sohn, Jahrgang 1973

Was fällt mir ein, wenn mich jemand nach meiner Mutter fragt? Liebe, Kochen, Kinder, mein Vater natürlich auch. Alles zusammen macht dann die Familie aus. All das bestimmte unser Leben.

Erst recht nach ihrem 35. Geburtstag. Plötzlich fing Mama an wie eine Besessene zu kochen. Und ich habe nicht nur einmal gespürt, welche Kraft es erfordert, um so weit zu kommen. Die Gastronomie ist ein hartes Gewerbe. Viele starke Männer sind schon an ihr zerbrochen. Mama dagegen widmete einfach ihr Leben der Familie und ihrer Kochkunst. Ich habe bewußt diese Reihenfolge gewählt, weil ich weiß, dass wir unserer Mama fehlen. Jede Sekunde, die wir nicht an ihrer Seite sind. Aber sie weiß auch, dass wir immer wieder heimkommen zu ihr. Nicht zuletzt wegen des guten Essens …

Dietmar der Jüngere Sohn, Jahrgang 1983

Wie soll ich in ein paar Zeilen zum Ausdruck bringen, was man für einen Menschen empfindet? Wenn ich in Gedanken bei meiner Mutter bin, dann weiß ich ganz genau, wie sehr ich sie liebe. Wie sehr ich sie brauche. Ihre Wirkung auf Menschen ist für mich unerklärlich. Sie wird wohl ein Geschenk Gottes sein.

Zugegeben: Mama war nie die Beste im Sport, hat keine komplizierten mathematischen Formeln auswendig gelernt oder sich im »Schön Sprechen« der Schicki-Micki-Szene geübt. Sie war einfach immer nur für uns da. Gibt es etwas Schöneres für Kinder? Sie ist die beste Mutter, die man sich wünschen kann. Und ich spüre auch, wie wir uns gegenseitig Halt geben. Komme was wolle: Ich werde dich mein ganzes Leben lang brauchen.

Johannes Sohn, Jahrgang 1987

Ich bin ja der jüngste im Bunde. Was aber nicht heißt, dass ich keine Erfahrung hätte. Erst recht, wenn es um meine Mutter geht. Mit 16 heißt es, sei man in einem schwierigen Alter. Das ist natürlich Blödsinn. Mit 16 ist es höchstens schwierig zu verstehen, dass nicht alle Mütter so sind wie meine. Sie hält immer zu mir. Hilft mir bei jeder Gelegenheit und stachelt damit meinen Ehrgeiz nur noch weiter an. Eigentlich wollte sie ja nicht, dass ich auch noch Koch lerne. Aber was soll ich machen: Wenn man täglich sieht, was meine Mutter leistet, wie kunstvoll sie mit Lebensmitteln umgeht, wie sie auf Tellern wahre Kunstwerke entstehen lässt, dann denke ich mir: »Das mag ich auch können«. Aber glauben Sie mir: Das ist gar nicht so leicht. Meine Mutter drängt mich nicht, deshalb folge ich ihr – so einfach ist das …

Glossar zur österreichischen Küche

Beiried Roastbeef

Biskotte Löffelbiskuit

Blunze Blutwurst

Brösel Paniermehl (geriebene Semmeln bzw.
  Weißbrot); für Desserts auch aus süßen
  Massen (Biskuit- oder Kuchenbrösel)

Dotter Eigelb

Eiklar Eiweiß

Eierspeise Rührei

Einbrenn Mehlschwitze

Erdäpfel Kartoffeln

Faschiertes Hackfleisch (besteht in Österreich
  üblicherweise zu gleichen Teilen aus
  Schweinefleisch und Rindfleisch)
  Faschieren = durch den Fleischwolf drehen

Fisolen Grüne Gartenbohnen

Flachsen Sehnen

Fleckerln Kleine viereckige Nudelstücke

Germ Hefe

Glattes Mehl Fein gemahlenes Mehl

Griffiges Mehl Grob gemahlenes Mehl

Gugelhupf Napfkuchen

Heidelbeeren Blaubeeren

Karfiol Blumenkohl

Karotte Mohrrübe

Kipfler Die beste fest kochende Kartoffelsorte
  für den Kartoffelsalat, vergleichbar mit
  Bamberger Hörnchen.

Knödel Klöße

Kohl Wirsing

Kohlsprossen Rosenkohl

Kraut Rotkohl oder Weißkohl

Kren Meerrettich

Laibchen Kleine Laibe, Klopse

Marille Aprikose

Marmelade Konfitüre

Melanzani Auberginen

Nockerln Spätzle bzw. kleine Klöße

Obers süße Sahne

Palatschinken Hauchdünne Pfannkuchen

Panieren In Mehl, Ei und Paniermehl wenden
  (Panier = Panade)

Plastiksackerl Kunststoffglas

Rexglas Einmachglas

Rindslungenbraten Rinderfilet

Rostbraten Hohes Roastbeef

Sauerkraut Sauerkohl

Sauerrahm Stichfeste saure Sahne
  mit 15 % Fettgehalt

Schmalz Ausgelassenes Schweinefett

Schwammerln Pilze

Semmel Brötchen

Staubzucker Puderzucker

Stelze Haxe

Sulz Sülze

Topfen Quark

Vogerlsalat Feldsalat

Zwetschke Pflaume

Falls in den Rezepten nicht anders vermerkt,
sind alle Mengenangaben für vier Personen.

Die in diesem Buch verwendeten Abkürzungen

EL = Esslöffel

TL = Teelöffel

KL = Kaffeelöffel

Msp. = Messerspitze

Verzeichnis der Rezepte

Unzählige Menschen haben zur Entstehung meines ersten Kochbuches beigetragen und ihnen allen gebührt mein herzlicher Dank!

Insbesondere möchte ich »Danke!« sagen zu Didi, Johannes, Johanna Reinisch und Gabor Benke in der Küche. Josef Rettensteiner, den nur wir Josef nennen, ist sowieso unersetzlich.

Christian Grünwald hat meine Küche, meine Gedanken und Ideen in Worte gekleidet.

Luzia Ellert und ihre Assistentin Julia Selitsch haben mit ihren wunderbaren Fotos dieses Buch einzigartig gemacht.

Marietta Löffler hat meine Rezepte »in Form gebracht«.

Ich bin glücklicherweise eine besonders herzliche und menschliche Verbindung eingegangen mit meinem Verlag, der Collection Rolf Heyne. Der Verlegerin Anja Heyne bin ich dankbar für die freie Hand, die sie mir gelassen und für ihre unterstützende Hand, die sie mir immer gereicht hat. Jürgen Welte tut fast alles für meine Topfenvariationen und hat unserem Buch auf die Beine geholfen.

Und ... mein Mann: Danke, Dietmar! Danke für Dich, Danke für uns.

Aufgezeichnet von Christian Grünwald
Fotografiert von Luzia Ellert

Julia Selitsch war von Beginn an als Stylistin, Assistentin und zeitweise
auch als moralische Unterstützung dabei … Vielen Dank! Luzia Ellert

Fotos auf Seite 214–215 von Doris Maier, Salzburg

www.collection-rolf-heyne.de

6. Auflage 2004

Umschlaggestaltung:
Hauptmann und Kampa Werbeagentur, München – Zürich
Umschlagfoto: Christa Henke, Osnabrück
Innengestaltung: Martin Gubo, Wien
Layout und Satz: Elisabeth Petersen, München
Herstellung: Karlheinz Rau, München
Lithografie: Reproline Genceller, München
Druck und Bindung: Printer Trento, Trient

Printed in Italy

ISBN 3-89910-208-8

»Kochen ist nie zu Ende.«